高等职业教育智能网联汽车专业产教融合系列教材

智能网联汽车感知系统装调与故障诊断

组　编：易飒（广州）智能科技有限公司
主　编：张红伟　罗锡才
副主编：彭　潇　陈纪钦　郭建英　孙大许
参　编：关子晴　邓龙泽　彭林兵　康国兵
　　　　姜汉斯　张琳琳　张世光

二维码总码

机械工业出版社

本书根据我国智能汽车发展、创新的趋势和战略，对智能网联汽车涉及检测汽车自身运行状态的传感器和感知外界环境的传感器的工作原理、使用场景、检测方法、标定程序进行了分析和介绍。

本书主要内容包括认识智能网联汽车传感器、认识与应用摄像头、认识与应用超声波雷达、认识与应用毫米波雷达、认识与应用激光雷达、认识与应用组合导航，共6个项目、21个学习任务。每个学习任务按照任务描述、学习目标、知识图谱、知识准备、项目实施、复习题进行教学闭环设计。

本书可作为高职高专智能网联汽车专业的教材，也适合从事智能网联汽车研发、生产和应用的技术人员阅读。

图书在版编目（CIP）数据

智能网联汽车感知系统装调与故障诊断 / 易飒（广州）智能科技有限公司组编；张红伟，罗锡才主编. —北京：机械工业出版社，2024.4

高等职业教育智能网联汽车专业产教融合系列教材

ISBN 978-7-111-75392-6

Ⅰ.①智… Ⅱ.①易… ②张… ③罗… Ⅲ.①汽车-智能通信网-传感器-设备安装-高等职业教育-教材 ②汽车-智能通信网-传感器-调试方法-高等职业教育-教材 ③汽车-智能通信网-传感器-故障诊断-高等职业教育-教材 Ⅳ.①U463.67

中国国家版本馆 CIP 数据核字（2024）第 062544 号

机械工业出版社（北京市百万庄大街22号　邮政编码100037）
策划编辑：齐福江　　　　　责任编辑：齐福江　丁　锋
责任校对：杜丹丹　陈　越　封面设计：张　静
责任印制：李　昂
北京捷迅佳彩印刷有限公司印刷
2024年8月第1版第1次印刷
184mm×260mm·14.25印张·341千字
标准书号：ISBN 978-7-111-75392-6
定价：65.00元

电话服务　　　　　　　　　　网络服务
客服电话：010-88361066　　　机　工　官　网：www.cmpbook.com
　　　　　010-88379833　　　机　工　官　博：weibo.com/cmp1952
　　　　　010-68326294　　　金　书　网：www.golden-book.com
封底无防伪标均为盗版　　机工教育服务网：www.cmpedu.com

前　言

智能网联汽车是智能化和网联化的产物，其核心在于利用人工智能、传感器、通信技术等手段，将车辆、道路、人员等产生的各种信息进行智能化处理和交互，从而提高行车安全性、行驶效率和用户体验。而智能网联汽车的感知系统则是实现其智能化和网联化的重要组成部分，负责车辆感知周围环境的物体和信息，并进行处理和判断，为车辆的自主驾驶和人机交互提供支持。

近年来，我国一直致力于推动智能网联汽车的发展。2017年，国务院发布了《新一代人工智能发展规划》，提出到2025年，中国要在自动驾驶技术领域实现重大突破。2021年，工业和信息化部、公安部、交通运输部联合印发了《智能网联汽车道路测试与示范应用管理规范（试行）》，为智能网联汽车的测试和上路提供了管理规范。此外，国家还出台了多项政策，鼓励企业开展智能网联汽车研发和生产，推动智能网联汽车在中国市场的普及。

随着汽车技术的发展，智能网联汽车的感知系统也在不断演进。近年来，传感器技术不断提升，从激光雷达到毫米波雷达，从摄像头到超声波雷达，多种传感器的融合应用，提高了车辆对周围环境的感知精度和范围。同时，随着人工智能技术的不断发展，深度学习、计算机视觉等技术被广泛应用于车辆感知和处理中，进一步提高了感知系统的智能化水平。

然而，智能网联汽车的感知系统也面临着一些挑战，如装调和故障诊断等问题。感知系统需要在不同的环境中实时感知周围的物体和信息，而这些环境可能非常复杂和多变，感知系统的装调需要保证其在各种情况下的稳定性和可靠性。同时，感知系统也面临着故障和损坏的风险，需要及时发现和诊断问题，并采取相应措施维修。

党的二十大报告指出，"高质量发展是全面建设社会主义现代化国家的首要任务。"新时代青年唯有执着奋进、攻坚克难、不惧艰辛、练好内功，以高标准要求自己，努力以新作为、新成绩丰富人生阅历。因此，本书从智能网联汽车中的环境感知技术涉及的传感器展开，系统介绍了视觉传感器、超声波雷达、毫米波雷达、激光雷达、组合导航等的相关基础知识；在此基础上，辅以各种传感器相关的软硬件，介绍各传感器的安装、调试和检修的基本实操环节，在一些任务中还涉及Ubuntu系统、Linux系统、ROS系统和Python编程等知识，学生通过各项任务训练不同的技能，以确保真正体验到项目实施的全流程。

随着智能网联汽车的发展，感知系统装调和故障诊断技术也将面临新的挑战和机遇。未来本书也将不断更新和完善，与时俱进地介绍最新的智能网联汽车感知系统技术和应用。

由于编者水平有限，书中难免有错误和疏漏，敬请同行、专家及使用本书作为教材的老师和各位读者提出宝贵意见和指正，万分感激。

编　者

目 录

前言

**项目一
认识智能网联汽车
传感器**

学习任务一
智能网联汽车传感器的应用现状与发展前景 / 002

学习任务二
智能网联汽车环境感知技术 / 009

**项目二
认识与应用摄像头**

学习任务一
摄像头的认知与装调 / 022

学习任务二
摄像头的故障诊断与排除 / 038

学习任务三
基于摄像头实现自动限速识别功能 / 042

学习任务四
基于摄像头实现车道线检测功能 / 052

**项目三
认识与应用超声波
雷达**

学习任务一
超声波雷达的认知与装调 / 062

智能网联汽车感知系统
装调与故障诊断

学习任务二
超声波雷达的故障诊断与处理 / 078

学习任务三
超声波雷达数据解析 / 085

项目四
认识与应用毫米波雷达

学习任务一
毫米波雷达的认知与装调 / 092

学习任务二
毫米波雷达的故障诊断与排除 / 108

学习任务三
毫米波雷达的数据分析 / 113

学习任务四
基于毫米波雷达实现 FCW（前向碰撞预警）功能 / 118

学习任务五
毫米波雷达与摄像头的标定融合 / 126

智能网联汽车感知系统
装调与故障诊断

项目五
认识与应用激光雷达

学习任务一
激光雷达的认知与装调　　　　　　　　　　　　　/ 136

学习任务二
激光雷达的故障诊断与排除　　　　　　　　　　　/ 153

学习任务三
激光雷达的数据分析　　　　　　　　　　　　　　/ 159

学习任务四
激光雷达与摄像头的联合标定　　　　　　　　　　/ 165

项目六
认识与应用组合导航

学习任务一
组合导航的认知与装调　　　　　　　　　　　　　/ 180

学习任务二
组合导航的故障诊断与处理　　　　　　　　　　　/ 199

学习任务三
基于激光雷达与 IMU 实现 SLAM 功能　　　　　　/ 205

参考文献　　　　　　　　　　　　　　　　　　　　　　　　/ 220

项目一
认识智能网联汽车传感器

全面感知是智能网联汽车发展的基础，智能汽车的发展过程是汽车驾驶从被动安全到主动安全、从信息孤岛到全面互联的过程，未来的无人驾驶汽车也是建立在完备的智能感知系统的基础上。本项目包含以下两个任务。

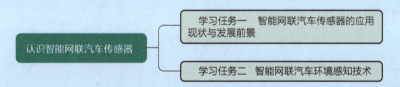

通过以上两个任务的学习，学生能够掌握智能网联汽车传感器的应用现状和发展前景，理解智能传感器和传统传感器的区别、熟知环境感知的对象和方法、了解传感器融合原理和方案。

学习任务一
智能网联汽车传感器的应用现状与发展前景

任务描述

目前,汽车行业处在一个变革的时代,自动驾驶相关技术发展、应用如火如荼。

一位客户想要了解智能网联汽车自动驾驶环境感知的基本情况,你的领导安排你给客户科普关于智能传感器在汽车上的应用,你作为一名技术员能完成任务吗?

学习目标

知识目标

1. 能描述传感器的定义,区别不同类型的汽车传感器。
2. 能举例说明各种传感器在汽车上的具体应用。
3. 能解释智能传感器的组成。
4. 能够概括智能传感器的特点。
5. 能预测智能网联汽车传感器的发展趋势。

素养目标

1. 培养解决问题和创造新知识的科学素养。
2. 培养热爱祖国、服务人民等良好思想品质。

```
                                        ┌── 汽车传感器发展概述
                                        ├── 智能传感器概述
智能网联汽车传感器的应用现状与发展前景 ──┤
                                        ├── 智能传感器在智能网联汽车上的应用
                                        └── 智能网联汽车传感器发展趋势
```

知识准备

一、汽车传感器发展概述

1. 传感器的定义和组成

根据国家标准《传感器通用术语》（GB/T 7665—2005），传感器定义为能感受被测量并按照一定规律转换成可用输出信号的器件或装置。

汽车传感器是信息采集分析的前端系统，是将观察变量转换成可供测量信号的信号转换装备，通常由敏感元件、转换元件和转换电路组成，如图1-1-1所示。

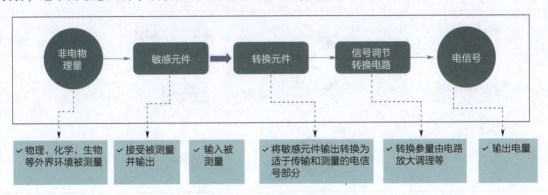

图1-1-1 传感器的组成原理

2. 汽车传感器分类

车用传感器主要功能是利用安装在汽车各部位的信号置换装置，检测汽车工作参数，并将它们传送给电子控制单元（Electronie Control Unit，ECU），ECU运算处理后发出指令给执行单元，通过引入通信技术组成车身网络系统，车身各个部分的开关、传感器和执行器等可以就近接入CAN/MOST/FlexRay/车载以太网等总线，由智能化电子模块控制。

按照目前汽车传感器装备的目的不同，可以分为提升单车信息化水平的传统微机电（MEMS）传感器（表1-1-1）和为自动驾驶提供支持的智能传感器（表1-1-2）两大类。

表1-1-1 传统微机电（MEMS）传感器

类型	样式	原理
压力传感器		压阻式、电容式
位置传感器		霍尔效应、磁阻效应

(续)

类型	样式	原理
温度传感器		热敏电阻式、热电偶式、热电阻式
加速度传感器		惯性原理
角速度传感器		科里奥利原理
流量传感器		霍尔效应、磁阻效应
气体浓度传感器		化学原理
液位传感器		静压测量原理

表1-1-2 智能传感器

类型	样式	原理
摄像头		通过摄像头采集外部信息,并根据算法进行图像识别
超声波雷达（也称超声波传感器）		发射及接收超声波,分析折返时间测算距离
毫米波雷达		发射及接收毫米波,分析折返时间测算距离
激光雷达		发射及接收激光,分析折返时间测算距离
红外热成像仪		运用光电技术检测物体热辐射的红外线特定波段信号,将该信号转换成可供人类视觉分辨的图像和图形
红外夜视仪		利用红外探照灯照射目标,接收反射的红外辐射形成图像

3. 汽车传感器的应用

传感器在汽车上的应用主要有以下三大领域：动力系统、底盘领域、车身和安全舒适领域，见表1-1-3。

表1-1-3 传感器应用

应用领域	实现控制功能	传感器类型
动力系统	发动机、动力传递、在线诊断、燃油经济性、可变正时升程	氧传感器、空气流量传感器、温度传感器、曲轴位置传感器、爆燃传感器、油压传感器
底盘领域	车辆转向、悬架减振、制动和稳定性、驾驶舒适性、牵引控制	轮速传感器、压力传感器、加速度传感器、舵角传感器、转矩传感器、车高传感器
车身和安全舒适领域	乘员安全、舒适；便利和信息导航	碰撞传感器、陀螺仪、阳光传感器、温度传感器、毫米波雷达、摄像头

4. 汽车传感器发展历程

汽车传感器的发展大体可分为三个阶段，分别为：结构型传感器、固体型传感器、智能型传感器，见表1-1-4。

表1-1-4 汽车传感器的发展阶段

阶段	年份	标志	代表事件
第一阶段	1950—1969	结构型传感器出现	1969年凯勒获得批量预制的硅传感器的专利 20世纪60年代，汽车上仅有机油压力传感器、油量传感器和冷却液温度传感器，它们与仪表或指示灯连接
第二阶段	1970—1999	固体型传感器开始发展	基于热电效应、霍尔效应、光敏效应等出现了热电偶、光电传感器、霍尔传感器等 进入70年代后，为了治理排放又增加了一些传感器来帮助控制汽车的动力系统 80年代，防抱死制动装置和气囊提高了汽车安全性
第三阶段	2000年至今	智能型传感器快速发展	基于人工智能、信息处理技术实现的具有分析、判断、量程自动转换等功能，能够对环境影响量自适应、自学习的传感器 MEMS传感器、无线智能传感器广泛用于汽车行业

二、智能传感器概述

1. 智能传感器的概念

智能传感器（Intelligent Sensor）是指具有信息处理功能的传感器。它带有微处理机，具有信息采集、信息处理、信息交换、信息存储的功能；是集成传感器、通信芯片、驱动程序、软件算法等与微处理器相结合的产物。

智能传感器与传统传感器相比，具有对外界环境等信息进行自动收集、数据处理、逻辑判断、功能计算，以及自诊断、自校准、自补偿与自适应的能力。它拥有更高的精度、更好的稳定性与更强的环境适应能力。

2. 智能传感器的特点

智能传感器的特点见表1-1-5。

表1-1-5 智能传感器的特点

特点	描述
高精度	通过软件可修正各种确定性系统误差，可适当地补偿随机误差、降低噪声，提高传感器精度
高可靠性	集成传感器系统小型化，消除了传统结构的某些不可靠因素，具有自诊断、校准和数据存储功能
多功能化	可以实现多传感器、多参数综合测量，具有自适应能力、多通信接口功能
高性价比	多功能智能式传感器与单一功能的普通传感器相比，性能价格比明显提高，尤其是在采用单片机后更为明显

3. 智能传感器的组成

智能传感器是将敏感元件及信号处理器组合为单一集成电路的器件，如图1-1-2所示。

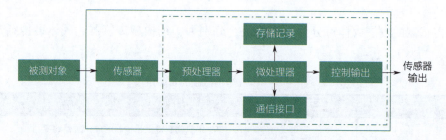

图1-1-2 智能传感器的结构

1）传感器将被测对象转换成相应的电信号经模-数转换后送到微处理器。

2）微处理器是智能传感器的核心，它对传感器测量数据进行计算存储、数据处理。

3）通过反馈回路对传感器进行调节，可以完成硬件难以完成的任务，从而大大降低传感器制造的难度，提高传感器的性能。

三、智能传感器在智能网联汽车上的应用

环境感知信息与网联信息的接入，能够使智能网联汽车同时具备环境感知与网联信息获取能力，从而为实现高级辅助驾驶和自动驾驶提供决策依据。因此，环境感知层需要通过环境感知技术、高精定位技术、4G/5G通信技术、V2X无线通信技术等，让车辆能够对自身状况与外界的道路状况、车辆状况、行人状况等进行动、静态的信息读取与收集等。

1. 目标探测及识别

探测障碍物，如车辆、行人及路肩等，如图1-1-3所示。

可利用设备有激光雷达、毫米波雷达及超声波雷达等。

激光雷达的特点是精度高、范围广，成本较高。

毫米波雷达成本较低，探测距离较远，已经被无人驾驶汽车所广泛运用。与激光雷达相比较，毫米波雷达精度较低，可视角度也较小。

超声波雷达探测距离较近，精度低，一般常用于低速下的碰撞预警或停车辅助。

2. 图像识别

识别车道线、交通标识牌、交通信号灯、行人及车辆等，如图1-1-4所示。

可利用设备有单目、双目、多目相机，红外相机等。

摄像头的成本较低，但容易受到外界环境因素影响。

图1-1-3　探测障碍物

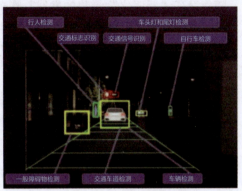

图1-1-4　图像识别

3. 定位导航

定位导航主要是用于智能网联汽车行驶过程中的高精度定位以及位姿感知，如获得经纬度坐标、速度及行驶方向等。

目前常用的高精度定位方法，是通过差分定位GPS设备来实现的，如RTK-GPS等，如图1-1-5所示。

目前，我国部分省市已经建立了固定差分基站系统，为智能网联汽车的行驶提供了强有力的安全保障。

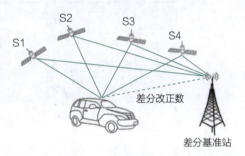

图1-1-5　差分定位GPS

四、智能网联汽车传感器发展趋势

1. 集成化，微型化

利用微电子机械系统（MEMS）技术和计算机辅助设计技术，将微米数量级的敏感元件、信号处理器、数据处理装置封装在同一芯片上，可使传感器具有体积小、功能上的一体化、可靠性高等特点。

2. 智能化，多功能化

智能网联汽车上的智能传感器除了实现传感的基本功能之外，还具备自校准、自补偿等功能，更重要的是它能够基于自身逻辑判断和信息处理能力，对采集的信号进行智能处理。

3. 多传感器融合

不同类型的传感器适应的最优应用场景具有差异性，汽车实际行驶环境复杂，仅靠单一传感器并不能满足复杂路况下的所有需求。因此，可以采用多传感器融合技术，将不同类型的传感器感知的数据融合，以获得更准确、可靠的信息。这样才能消除使用一种传感器的弊端，以及获得各种传感器融合使用所带来的优势，以提高智能网联汽车在不同应用场景中的精度、可靠性和检测能力。

4. 软件与算法将起到关键核心作用

随着汽车"新四化"趋势的发展，汽车电子构架不断革新，汽车硬件体系将逐渐趋于一致，汽车硬件上很难形成差异化，这时软件和算法就成为车企竞争的核心要素。

通过微处理器中的智能算法将采集到的数据进行预处理、补偿、融合、计算、校正，并实时输出符合精度要求的最终数据，如图1-1-6所示。在不同的智能传感器中会应用到不同的智能算法。智能算法是智能传感器数据处理和融合的核心，也是评价不同厂家产品性能的重要标准。

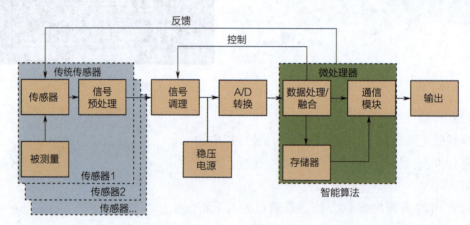

图1-1-6 智能算法

复习题

1. 单选题

智能网联汽车传感器发展趋势不包括（　　）。

A. 集成化　　　　B. 微型化　　　　C. 智能化　　　　D. 单一功能化

2. 判断题

（1）多功能智能式传感器与单一功能的普通传感器相比，性能价格比明显提高。（　　）

（2）目前常用的高精度定位方法是通过差分定位GPS设备来实现的。（　　）

3. 简答题

请简述智能传感器在智能网联汽车上的应用。

学习任务二
智能网联汽车环境感知技术

任务描述

为了减少道路交通事故，减轻驾驶人驾驶负担，智能网联汽车安装了先进驾驶辅助系统。这些先进驾驶辅助技术的实施首先就是要感知周围环境，对道路、车辆、行人、交通标志、交通信号灯等进行检测和识别。

一位客户想要了解智能网联汽车先进驾驶辅助系统中的传感器是如何工作的，你的领导安排你给客户科普智能网联汽车环境感知的相关技术，你作为一名技术员能完成任务吗？

学习目标

知识目标

1. 能叙述智能网联汽车的定义和自动驾驶分级标准。
2. 能叙述环境感知的定义和对象。
3. 能区分不同的环境感知方法及其优点。
4. 能叙述传感器融合的概念、类型和算法。
5. 对比不同车企的环境感知方案。

素养目标

1. 弘扬科学精神，包括客观、理性、开放和合作的价值素养。
2. 培养国际视野和国际交流意识，引导学生树立国家意识，增强学生的社会责任感和使命感，强化安全意识。

知识图谱

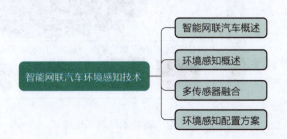

知识准备

一、智能网联汽车概述

1. 汽车新四化

从工业1.0的机械化、2.0的电气化到3.0的机电一体化,汽车工业每次都发生重大变革;以信息物理系统(Cyber-Physical System,CPS)为标志的工业4.0时代,将使汽车在未来10~20年中发生革命性的变化,如图1-2-1所示。

工业4.0时代,传统汽车产业迎来了一场全新的技术变革,即"新四化":电动化(低碳化)、智能化、网联化及共享化,传统汽车企业面临新的机遇和挑战。

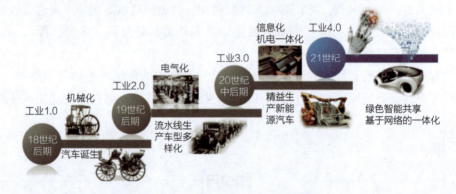

图1-2-1 汽车"新四化"科技革命

2. 智能网联汽车

智能网联汽车(Intelligent & Connected Vehicles,ICV)是指搭载了先进的车载传感器、控制器、执行器等装置,并融合现代通信与网络技术,实现车与X(人、车、路、云端等)进行智能信息交换、共享,具备复杂环境感知、智能决策、协同控制等功能,可实现"安全、高效、舒适、节能"行驶,并最终可实现替代人来操作的新一代汽车,如图1-2-2所示。

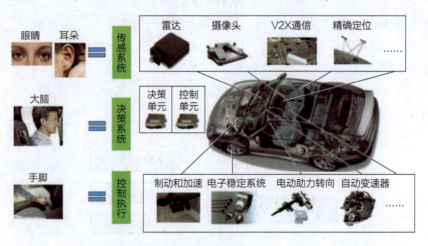

图1-2-2 智能网联汽车组成

3. SAE J3016 自动驾驶分级标准

美国汽车工程师学会（SAE）于 2014 年制定了自动驾驶级别分类，首次提出了 L0～L5 级的分级方法，如图 1-2-3 所示。随后这一套标准在全球范围传播开，如今已是全球学界、车厂、消费者通用的标准。我国在 2020 年开始实行的《汽车驾驶自动化分级》，也沿用了 SAE L0～L5 的分级方法。

美国国家公路交通安全管理局（NHTSA）、美国汽车工程师学会（SAE）自动驾驶分级标准							
分级	NHTSA	L0	L1	L2	L3	L4	
	SAE	L0	L1	L2	L3	L4	L5
称呼（SAE）		无自动化	驾驶支持	部分自动化	有条件自动化	高度自动化	完全自动化
SAE定义		由人类驾驶者全权驾驶汽车，在行驶过程中可以得到警告	通过驾驶环境对方向盘和加速减速中的一项操作提供支持，其余由人类操作	通过驾驶环境对方向盘和加速减速中的多项操作提供支持，其余由人类操作	由无人驾驶系统完成所有的驾驶操作，根据系统要求，人类提供适当的应答	由无人驾驶系统完成所有的驾驶操作，根据系统要求，人类不一定提供所有的应答。限定道路和环境条件	由无人驾驶系统完成所有的驾驶操作，不过可以由人类接管，不限定道路和环境条件
主体	驾驶操作	人类驾驶者	人类驾驶者/系统	系统			
	周边监控	人类驾驶者				系统	
	支援	人类驾驶者					系统
	系统作用域	无					全域

图 1-2-3　自动驾驶级别分类

二、环境感知概述

1. 智能网联汽车系统架构

环境感知、智能决策、控制执行是智能网联汽车的关键技术，图 1-2-4 所示为智能网联汽车"三横两纵"技术架构。

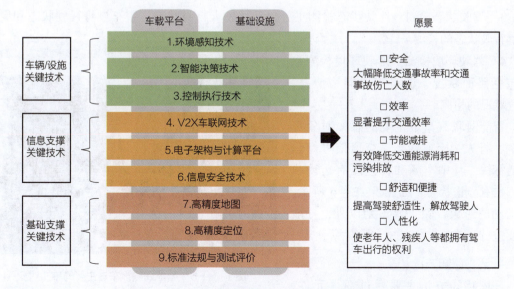

图 1-2-4　智能网联汽车"三横两纵"技术架构

2. 环境感知技术定义

环境感知技术是通过安装在智能网联汽车上的智能传感器或 V2X 技术，对道路、车辆、行人、交通标志、交通信号灯等进行检测和识别，主要应用于先进驾驶辅助系统（ADAS）和自动驾驶系统，保障智能网联汽车安全、准确到达目的地。

3. 环境感知对象

智能网联汽车环境感知对象主要包括行驶路径识别、周边物体识别、驾驶状态检测、驾驶环境检测等，如图1-2-5所示。

图1-2-5 环境感知对象

1）行驶路径识别。结构化道路的行驶路径识别包括道路交通标线、行车道边缘线、路口导向线、导向车道线、人行横道线、道路出入口标线、道路隔离物识别；非结构化道路的行驶路径识别主要是可行驶路径的确认。

2）周边物体识别。周边物体识别主要包括车辆、行人、地面上可能影响汽车通过和安全行驶的其他各种移动或静止物体的识别；各种交通标志的识别；交通信号灯的识别。

3）驾驶状态检测。驾驶状态检测主要包括驾驶人自身状态、主车自身行驶状态和周边车辆行驶状态的检测。

4）驾驶环境检测。驾驶环境检测主要包括路面状况、道路交通拥堵情况、天气状况的检测。

智能网联汽车最主要的感知对象有车辆、行人、交通标志、交通信号灯和车道标线，其中车辆和行人既有运动状态，也有静止状态，如图1-2-6所示。对运动的对象，除了要识别以外，一般还要进行跟踪。

图1-2-6 智能网联汽车最主要的感知对象

4. 环境感知方法

环境感知方法主要通过惯性元件、

超声波雷达、毫米波雷达、激光雷达、摄像头、V2X 通信技术、传感器融合等来实现，并配备先进的软件算法，如图 1-2-7 所示。

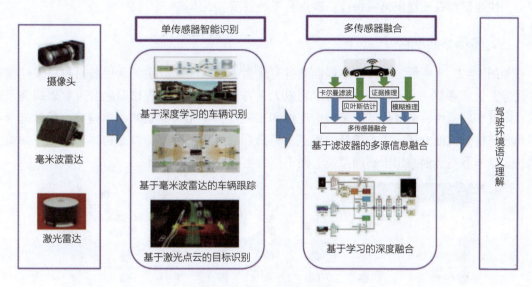

图 1-2-7 环境感知方法

1）惯性元件。惯性元件主要是指汽车上的车轮转速传感器、加速度传感器、陀螺仪、方向盘传感器等，通过它们感知汽车自身的行驶状态。

2）超声波雷达。超声波雷达主要用于短距离探测物体。超声波雷达不受光照影响，但它的测量精度会受测量物体表面形状、材质的影响。

3）毫米波雷达。毫米波雷达可以获取车辆周边环境二维或三维距离信息，通过距离分析识别技术对行驶环境进行感知。毫米波雷达抗干扰能力强，受天气情况和夜间的影响小，体积小；传播损失比激光雷达少；但行人的反射波较弱，毫米波雷达难以探测。

4）激光雷达。激光雷达可以获取车辆周边环境二维或三维距离信息，通过距离分析识别技术对行驶环境进行感知。激光雷达能够直接获取物体二维距离信息、测量精度高、对光照环境变化不敏感；但它无法感知无距离差异的平面内目标信息、体积较大、价格较高、不便于车载集成。

5）摄像头。摄像头能够获取车辆周边环境二维或三维图像信息，通过图像分析识别技术对行驶环境进行感知。摄像头获取的图像信息量大、实时性好、体积小、能耗低、价格低；但易受光照环境影响，三维信息测量精度较低。

6）V2X 通信技术。V2X 通信技术主要包括 V2V、V2I、V2P 和 V2N，它们采集的信息既可以用于先进驾驶辅助系统又可以用于自动驾驶系统，特别是车路协同控制，具有较大的优势。V2X 通信技术获取的信息范围更为广阔，可以提供 360°视觉感知，不受天气和道路环境的影响，可以给驾驶人或自动驾驶系统提供更多的信息，保障车辆的安全行驶。

7）传感器融合。传感器融合是指运用多种不同的传感手段获取车辆周边环境多种不同形式的信息，通过多信息融合技术对行驶环境进行感知，如视觉与毫米波雷达、视觉与激光雷达、视觉与超声波雷达的融合等。

传感器融合的优点是能够获取丰富的车辆周边环境信息，具有优良的环境适应能力，为安全、快速辅助驾驶提供可靠保障；缺点是系统复杂、成本高。

三、多传感器融合

如图1-2-8所示，各种传感器性能各有优劣，在不同的应用场景里各自可以发挥独特的优势，仅依靠单一或少数传感器难以完成无人驾驶的使命。多传感器融合可显著提高系统的冗余度和容错性，从而保证决策的快速性和正确性，是无人驾驶的必然趋势。虽然毫米波雷达具有抗干扰能力强、成本较低的优点，但是在分辨率、精度、静态物体识别上不如激光雷达。毫米波雷达通常用于辅助系统，而不作为主要的感知传感器。

传感器功能的评级	摄像头	毫米波雷达	激光雷达	超声波雷达	毫米波雷达+激光雷达	激光雷达+摄像头	毫米波雷达+摄像头
物体探测	优	优	优	优	优	优	优
物体分类	优	差	一般	差	一般	优	优
测距	一般	优	优	优	优	优	优
物体边缘精度	优	差	优	差	优	优	优
车道跟踪	优	差	差	差	差	优	优
可视范围	优	优	优	一般	优	一般	优
抗恶劣气象条件干扰	差	优	一般	优	优	一般	优
抗不良照明条件干扰	差	优	优	优	优	优	优
成本	优	优	差	优	差	差	优
技术成熟度	优	优	差	优	差	差	优

图1-2-8 不同类型传感器的性能

1. 多传感器融合基本概念

传感器的融合（Multi-Sensor Fusion，MSF）是利用计算机技术，将来自多传感器或多源的信息和数据，在一定的准则下加以自动分析和综合，以完成所需要的决策和评估而进行的信息处理过程。传感器融合要保证硬件同步、软件同步、时间同步和空间同步，见表1-2-1。

表1-2-1 传感器的融合相关概念

概念		描述
硬同步（硬件同步）		使用同一种硬件同时发布触发采集命令，实现各传感器采集、测量的时间同步。保证同一时刻采集相同的信息
软同步（软件同步）	时间同步	通过统一的主机给各个传感器提供基准时间，各传感器根据已经校准后的各自时间，为各自独立采集的数据加上时间戳信息，可以做到所有传感器时间戳同步，但由于各个传感器各自采集周期相互独立，无法保证同一时刻采集相同的信息
	空间同步	将不同传感器坐标系的测量值转换到同一个坐标系中，其中激光传感器在高速移动的情况下，需要考虑当前速度下的帧内位移校准

2. 多传感器融合算法

1）后融合算法。后融合算法又被称为松耦合算法，有多个感知算法，每个传感器首先各自独立处理生成目标数据，再由主处理器进行数据融合，如图 1-2-9 所示。后端融合算法是松散的，在出结果之前，所有的传感器都是独立的，不存在传感器与传感器之间的约束。

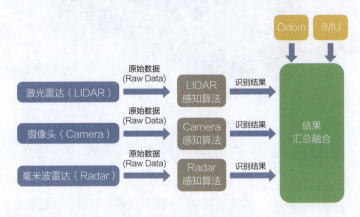

图 1-2-9　后融合算法

这种后融合算法常见的融合策略是使用 EKF（扩展卡尔曼滤波器）或 ESKF（扩展卡尔曼滤波器变体）来实现的［一般常见于 LIO（激光惯性里程计）当中］。

2）前融合算法。前融合算法本质上就是每个传感器作为一部分融合成一个单一的传感器，从整体上来考虑信息，如图 1-2-10 所示。这样做的好处是在前端的时候即可融合数据，让这些数据具有关联性。

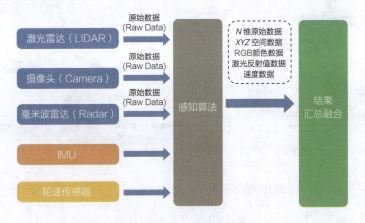

图 1-2-10　前融合算法

四、环境感知配置方案

1. 不同车企智能网联汽车传感器布置方案

图 1-2-11 所示为奥迪 A8 智能传感器的配置，它配置了 1 个 4 线束激光雷达、1 个前视摄像头、4 个鱼眼摄像头、1 个远程毫米波雷达、4 个中程毫米波雷达、12 个超声波雷达，属 L3 级自动驾驶。

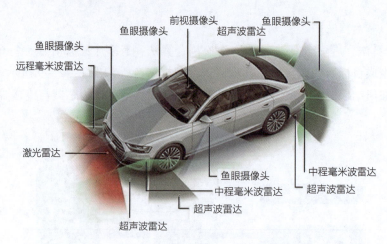

图 1-2-11　奥迪 A8 智能传感器的配置

图 1-2-12 所示为沃尔沃与优步联合开发的 XC90 自动驾驶汽车智能传感器的配置，它配置了前视摄像头、侧视摄像头、后视摄像头、超声波雷达、毫米波雷达和激光雷达。

图 1-2-13 所示为特斯拉电动汽车智能传感器的配置。它配置了 1 个三目摄像头、2 个侧前视摄像头、2 个侧后视摄像头、1 个后视摄像头、1 个毫米波雷达和 12 个超声波雷达，以 L2 级为主，逐步过渡到 L3 级自动驾驶。侧前视摄像头和侧后视摄像头的覆盖范围相互重叠，保证无盲区。

图 1-2-12　XC90 自动驾驶汽车智能传感器的配置　　图 1-2-13　特斯拉电动汽车智能传感器的配置

图 1-2-14 所示为谷歌第 5 代无人驾驶汽车智能传感器的配置。

图 1-2-14　谷歌第 5 代无人驾驶汽车智能传感器的配置

2. 不同 ADAS 功能的汽车传感器布置方案

(1) 自动紧急制动功能（AEB）

1）类型：根据事故类型，欧洲新车安全评鉴协会（E-NCAP）将 AEB 系统分为三类，见表 1-2-2。

表 1-2-2 AEB 系统类型

类型	描述
城市专用 AEB 系统	多发生在交通拥堵的路口，速度慢（<20km/h），碰撞程度低
高速公路专用 AEB 系统	多发生于驾驶人疲劳的高速（50~80km/h）驾驶场景
行人保护专用 AEB 系统	检测行人与自行车，需预测其运算路径，算法复杂

2）工作原理：AEB 系统可通过搭载摄像头、毫米波雷达和激光雷达等传感器实现自身功能。雷达传感器或摄像头探测前车或障碍物与本车的距离，数据分析模块将测出的距离与安全距离、警报距离进行比较，当距离过小时，AEB 系统则会发出碰撞预警，若驾驶人未能及时进行制动操作，AEB 系统将对制动系统发出制动请求，实现自动制动，如图 1-2-15 所示。

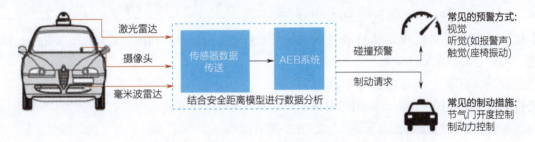

图 1-2-15 AEB 系统工作流程

3）传感器配置方案：综合考虑各传感器的性能，AEB 系统最佳传感器配置为"毫米波雷达+摄像头"组合。

(2) 自适应巡航功能（ACC）

1）工作原理：ACC 系统是一种智能化的控制系统，如图 1-2-16 所示。利用传感器得到行车所需信息，当发现前车减速或出现新目标时，电控单元将发送执行信号给发动机或制动系统，做出保持车距或自动制动等相关动作。若前方没有车辆，则恢复设定车速。

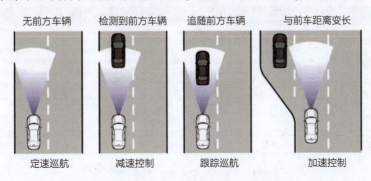

图 1-2-16 ACC 系统工作示意图

因涉及汽车的自动制动，ACC系统还需协调发动机管理系统、自动变速器控制器、电子稳定程序等部件进行工作。

2）分类及传感器配置方案：按照功能等级分类，可分为典型ACC系统和全速ACC系统，如图1-2-17所示。

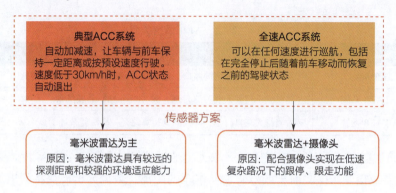

图1-2-17　ACC系统分类及传感器配置方案

（3）泊车辅助功能（PA）

1）工作原理：PA系统通过检测泊车位、生成泊车路径和运动控制三大功能，实现自动泊车辅助功能。在检测到合适车位后，ECU会从速度和运动两方面进行泊车轨迹模拟。最后，控制器对汽车进行横向和纵向控制完成泊车动作，如图1-2-18所示。

图1-2-18　PA系统工作流程分析

2）分类及传感器配置方案：按功能分类，分为四代。第一代，驾驶人必须在车内配合挂档完成泊车（APA系统）。第二代，驾驶人可以站在车外5m内使用手机遥控泊车（RPA远程遥控泊车）。第三代，汽车自主学习泊车路线，自动完成固定车位泊车（自学习泊车）。第四代为AVP代客泊车，如图1-2-19所示。

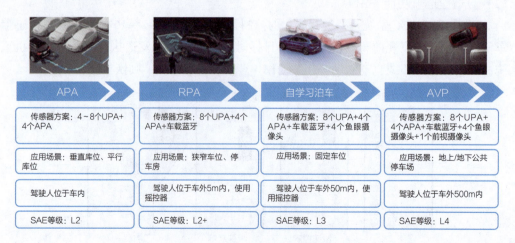

图1-2-19　PA技术发展过程

(4) 车道保持辅助功能（LKA）

1) 工作原理：LKA 系统通过传感器采集车道信息和车辆信息，识别本车相对于车道中央的位置，如车辆靠近标识线或偏离车道，则通过方向盘振动或声音来进行警告，必要时通过自动转向干预使车辆回到车道内，LKA 系统的控制策略如图 1-2-20 所示。

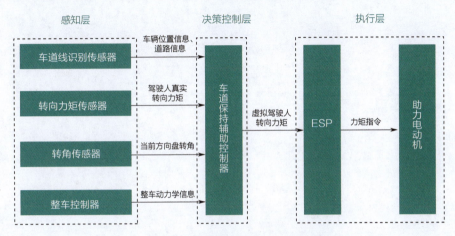

图 1-2-20 LKA 系统控制策略

2) 传感器配置方案：LKA 系统包含三项子功能，见表 1-2-3。

表 1-2-3 LKA 系统功能

功能	描述
车道偏离预警（LDW）	在车道偏离时，通过声音、视觉和振动等方式发出预警
车道偏离抑制（LDP）	在汽车快要驶离车道时，通过施加适当转向干预实现位置修正的系统
车道居中控制（LCC）	通过监控汽车与车道中线的相对位置，主动辅助驾驶人，使汽车保持在车道中线位置，减少驾驶人负担

LKA 系统适用的传感器有毫米波雷达和摄像头。在大雨、雾霾等恶劣天气或黑夜等情况下，使用摄像头会降低系统的判断精度，因此需要与毫米波雷达配合使用。

1. 单选题

智能网联汽车环境感知对象主要包括（　　）。

A. 行驶路径识别　　　　　B. 周边物体识别

C. 驾驶状态检测　　　　　D. 以上都是

2. 判断题

前融合算法又被称为松耦合算法，有多个感知算法。　　　　　　　　　　（　　）

3. 简答题

简述环境感知方法有哪些。

 智能网联汽车感知系统装调与故障诊断

项目二
认识与应用摄像头

20世纪90年代初,摄像头开始在汽车上应用。其最早的应用是乘用车后视系统。如今,经过漫长的历史,摄像头已成为ADAS和自动驾驶系统中基于视觉的感知的核心设备。在智能网联系统的感知系统中,摄像头(在汽车中也称车载摄像头)相当于驾驶人的眼睛,是未来自动驾驶技术发展的重点。无论是特斯拉信奉的纯视觉路线,还是业界普遍采用的多传感器融合方案,摄像头都是其中不可或缺的一部分。本项目包含以下4个任务。

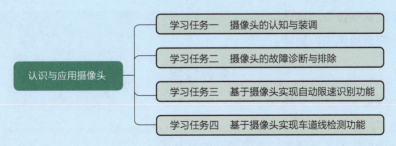

通过以上4个任务的学习,你能够了解摄像头的概念、结构、工作原理、类型、特点、应用及技术参数等,掌握摄像头拆装调试及诊断的方法。此外,你还能够了解交通标志识别与车道线检测的相关知识,完成基于摄像头实现交通标志识别与车道线检测的应用与部署。

学习任务一
摄像头的认知与装调

任务描述

某客户认为汽车标配的摄像头性能不是很好,想要更换成你们公司新研发的摄像头,这时你的领导安排你将摄像头安装到该客户的汽车上,并对其进行调试,保证摄像头能够正常工作。你应该如何完成这个任务?

学习目标

知识目标

1. 能阐述摄像头的概念、结构及工作原理。
2. 能总结摄像头的特点。
3. 能区分摄像头的类型。
4. 能列举摄像头的应用。
5. 能辨别摄像头的技术参数,并举例说明具体的含义。

技能目标

1. 能独立完成摄像头的安装。
2. 能独立完成摄像头的调试。
3. 能独立完成摄像头的拆卸。

素养目标

1. 严格执行企业装配标准流程。
2. 严格执行企业 6S 管理制度。
3. 培养严谨求实的工匠精神,热爱劳动的好品质。
4. 了解先行者加工制造的摄像头,学习他们精益求精的工匠精神。

项目二 认识与应用摄像头

知识图谱

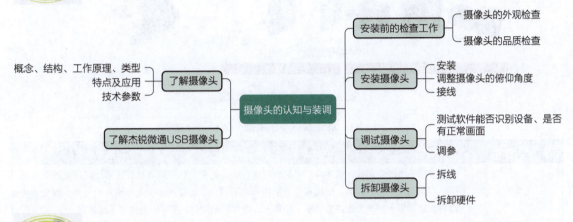

知识准备

一、摄像头的概念及功能

1. 摄像头的概念

摄像头是最接近人类视觉的传感器,因此它也被称为视觉传感器。视觉传感器是指通过对摄像机拍摄到的图像进行图像处理,来计算目标的特征量(面积、重心、长度、位置等),并输出数据和判断结果的传感器。视觉传感器在智能网联汽车上的应用是以摄像头的形式出现,并搭载先进的人工智能算法,便于目标检测和图像处理,如图2-1-1所示。

图2-1-1 摄像头的作用

2. 摄像头的功能

视觉是人类驾驶汽车时获取环境信息最主要的途径,摄像头获取的信息更为直观,更接近人类的视觉,对于自动驾驶汽车而言,摄像头取代了人类视觉,成为汽车获取外界信息的重要来源。搭载在汽车中的摄像头称为车载摄像头。摄像头是感知层的核心传感器。它在汽车中具有两项主要功能。

1)视觉应用服务:为驾驶人提供车辆周围的图像。
2)传感应用服务:为处理系统提供决策输入。

二、摄像头的结构及工作原理

1. 摄像头的结构

摄像头的硬件结构包括光学镜头(简称镜头)、图像传感器、图像信号处理器(ISP)、串行器、插接器等器件,如图2-1-2所示。各个组成部分的作用见表2-1-1。

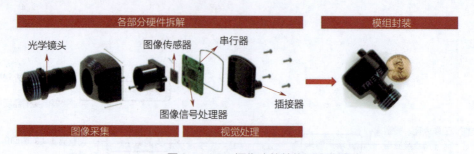

图2-1-2 摄像头的结构

表2-1-1 摄像头各个组成部分的作用介绍

组成部分	作用
光学镜头	光学镜头由光学镜片、滤光片、保护膜组成。镜头的主要作用是将被摄物体反射过来的光经折射后聚焦到图像传感器上。根据成像效果的要求不同,可能要求多层光学镜片。另外,滤光片可以将人眼看不到的光波段进行滤除,只留下人眼视野范围内的实际景物的可见光波段
图像传感器	利用光电器件的光电转换功能,将感光面上的光像转换为与光像成相应比例关系的电信号
图像信号处理器	完成图像传感器输入的图像视频源RAW格式数据的前处理,以改善最终图像质量。它还可以完成图像缩放、自动曝光、自动白平衡、自动聚焦等多种工作
串行器	将处理后的图像数据进行传输,可用于传输RGB、YUV等多种图像数据种类
插接器	用于连接固定摄像头

其中,图像传感器和镜头的成本占比最高,分别高达52%和20%。它们是摄像头的关键部件,在确定所生成图像的质量方面起着至关重要的作用。不同类型的图像传感器和镜头适用的应用场景会有所不同。

（1）镜头

1）按镜片材质分类：镜头质量对摄像头成像质量具有重要影响。镜头一般是由多个镜片构成,按材质来分,镜头的镜片可由玻璃、塑料制成。玻璃镜片具有高耐用度和防刮伤性,且温度性能较好,因此更多应用在高端产品中。而塑料镜片价格便宜,但是成像效果差,且在汽车恶劣的使用环境中容易造成镜片变形,影响成像质量。而车载摄像头要求镜头具有高耐用性和热稳定性。

目前,综合考虑成本和性能,主流厂商车载镜头正逐渐开始使用玻塑混合镜头为主,部分高端镜头采用全玻方案。玻璃镜头、塑料镜头和玻塑混合镜头的区别见表2-1-2。

表2-1-2 不同材质的镜头的区别

材料	塑料	玻璃	玻塑混合
工艺难度	低	高	中
量产能力	高	低	高
生产成本	低	高	高
热膨胀系数	高	低	高
透光率	89%~92%	约99%	两者之间
应用领域	手机	单反、车载镜头、扫描仪	高端手机、车载镜头、安防

2) 按镜片形状分类：镜片分为球面和非球面，两者对焦效果对比如图 2-1-3 所示。

球面镜片会导致像差问题，即从镜片中央射入的光线与镜片边缘射入的光线的焦点不一致，进而造成成像模糊的问题。需要通过组合不同形状和数量的镜片、不断调整参数和验证迭代后尽可能消除像差，但也带来重量增加、透光率降低等问题，同时球面玻璃镜片存在工艺复杂、难以大规模量产的缺点。

非球面镜片是由球面和平面以外的曲面组成的镜片，通过改变镜片的曲率，使光线汇聚在固定的焦点，解决了像差的问题，且仅需一枚镜片就可实现。因此，非球面镜片具有小型化、轻量化和成像效果佳的优势，已经成为高像素车载镜头的最佳解决方案。

3) 按视角大小和焦距分类：根据视角大小和焦距可将镜头分为标准镜头、广角镜头、鱼眼镜头和远摄镜头，具体介绍见表 2-1-3。它们的成像效果不同，如图 2-1-4 所示。车载摄像头选用的镜头主要有广角镜头和鱼眼镜头。

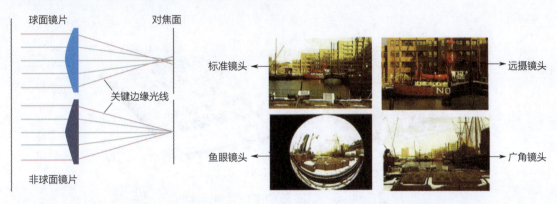

图 2-1-3 对焦效果对比　　　　图 2-1-4 镜头的成像效果

表 2-1-3 不同视角和焦距的镜头介绍

类型	描述
标准镜头	是焦距段在 40~55mm 之间的摄影镜头，视角相当于人单眼的视角
广角镜头	镜头焦距小于 40mm，广角镜头又分为普通广角镜头和超广角镜头两种，焦距是 28mm 的为普通广角，焦距小于 28mm 的为超广角
鱼眼镜头	焦距≤16mm，视角在 180°左右。鱼眼镜头属于超广角镜头中的一种特殊镜头，它的视角力求达到或超出人眼所能看到的范围。鱼眼镜头的成像有两种，一种像其他镜头一样，成像充满画面；另一种成像为圆形。无论哪种成像，用鱼眼镜头所摄的像，变形相当厉害，透视汇聚感强烈
远摄镜头	视场角≤20°，焦距一般在 50mm 以上，其特点为焦距长，视角狭窄

(2) 图像传感器　图像传感器主要分为 CCD（Charge Coupled Device）和 CMOS（Complementary Metal-Oxide-Semiconductor）两种，实物图如图 2-1-5 所示。

1) CCD：电荷耦合器件 CCD 主要材质为硅晶半导体，基本原理类似 CASIO 计算器上的太阳能电池，通

图 2-1-5 CCD 与 CMOS 的实物图

过光电效应，由感光组件表面感应来源光线，从而转换成储存电荷的能力。

当 CCD 表面接收到光线照射时，会将光线的能量转换成电荷，光线越强、电荷也就越多，这些电荷就成为判断光线强弱大小的依据。

2）CMOS：互补性氧化金属半导体 CMOS 主要是利用硅和锗这两种元素做成的半导体，使其在 CMOS 上共存着带 N（带 - 电）和 P（带 + 电）级的半导体，这两个互补效应所产生的电流即可被处理芯片记录和解读成影像。

3）CCD 与 CMOS 的对比：CCD 与 CMOS 都是利用感光二极管进行光电转换，但是成像原理却各不相同。如图 2 - 1 - 6 所示，CCD 传感器每一行中每一个像素的电荷数据都会依次传送到下一个像素中，由最低端部分输出，再经由传感器边缘的放大器进行放大输出。而 CMOS 传感器中，每个像素都紧接一个放大器和 A/D 转换电路，层层转换然后放大输出。

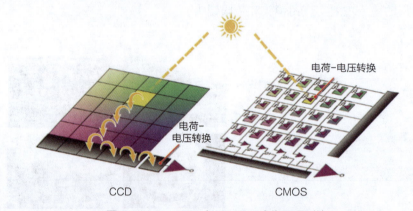

图 2 - 1 - 6　CCD 与 CMOS 成像原理对比

由于成像原理的不同，CCD 与 CMOS 在以下几个方面有着明显差异。

①分辨率与灵敏度。CMOS 的单个像素单元包含了 4 个晶体管与 1 个感光二极管（含放大器与 A/D 转换电路），使得每个像素的感光区域远小于像素本身；而 CCD 的成像单元只包含了感光元器件，因此在像素尺寸相同的情况下灵敏度更高。同理，对于相同尺寸的传感器，CCD 的分辨率往往要优于 CMOS。

②噪声差异。CCD 是电荷逐级传递的成像设计，各个像素汇聚至边缘再进行放大处理，可以保证数据在传送时不会出现失真，且只有一次放大，噪声小；而 CMOS 成像的数据是每个像素数据单独放大，由于放大器属于模拟电路，很难让每个放大器所得到的结果保持一致，会产生叠加噪声，影响成像质量。

③集成性与成本。CMOS 与现有的大规模集成电路生产工艺相同，从而生产成本可以降低，同时可以将周边电路，如模数转换电路、时钟发生器等必需电路集成到传感器芯片中，节省外围电路成本且集成性高。而 CCD 制造难度高，仅少数厂家掌握生产技术，成本居高不下，并且 CCD 采用电荷传递的方式传递数据，只要其中一个像素不能运行，就会导致整排的数据无法传送，因此 CCD 的成品率成本比 CMOS 高很多。目前，大多数 CCD 产品在半年生产周期内的良率往往都低于 50%。因此，CCD 传感器的成本会高于 CMOS 传感器。

④功耗差异。CMOS 的图像采集方式为主动式，感光二极管产生的电荷会直接从晶体管

放大输出，3.3V 即可运行。而 CCD 属于被动式采集，需要额外加压使得每个电荷移动，而此外加电压通常需要达到 12～18V，功耗相对较高。

综上所述，CCD 在灵敏度、分辨率、噪声控制等方面都优于 CMOS，而 CMOS 则具有低成本、低功耗以及高整合度的特点。不过，随着 CCD 与 CMOS 传感器技术的进步，两者的差异有逐渐缩小的态势，例如，CCD 一直在功耗上做改进，以应用于移动通信市场；CMOS 传感器则在改善分辨率与灵敏度方面的不足，以应用于更高端的图像产品。

另外，由于车载摄像头的功能诉求为收集数据，对图像的要求并非很高。因此车载摄像头一般选用 CMOS 图像传感器。

2. 摄像头的工作原理

目标物体通过镜头（LENS）将光学图像投射到图像传感器上，光信号转变为电信号，再经过模数转换后变为数字图像信号，最后输送到图像信号处理器（ISP）中进行加工处理，ISP 将信号处理成特定格式的图像传输到汽车自动驾驶系统进行识别，如图 2-1-7 所示。

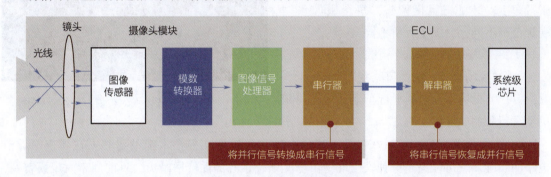

图 2-1-7 摄像头的工作原理

三、摄像头的类型

根据车辆不同的使用场景和性价比，可选择不同的摄像头类型。摄像头的类型可按照工作原理和安装位置来分类。

1. 按工作原理分类

按工作原理分类，摄像头可分为单目摄像头、双目摄像头、三目摄像头，以及红外夜视成像仪。

1）单目摄像头。单目摄像头（图 2-1-8）在定位测距方面，需要对目标进行识别，也就是说在测距前先识别障碍物是车、人还是其他物体，在此基础上再进行测距。单目摄像头的缺点在于需要大量数据，并且需要不断更新和维护。单目摄像头最大的优点是传感器简单且成本低廉，已经广泛应用于已上市的 L2 级别的高级辅助自动驾驶系统。

2）双目摄像头。双目摄像头（图 2-1-9）的原理与人眼相似，主要通过两幅图像的视差计算来确定距离。也就是说，双目摄像头不需要知道障碍物是什么，只要通过计算就可以测距。双目摄像头比单目摄像头感知范围更大，而且定位测距更为准确。当然，双目摄像头的成本和算力投入均比单目摄像头大。所以，双目摄像头将成为 L3～L4 级别自动驾驶系统的主流。

 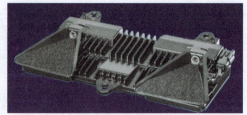

图2-1-8 单目摄像头　　　　　　　图2-1-9 双目摄像头

3）三目摄像头。三目摄像头比双目摄像头功能更为强大，在视觉感知识别方面，它包含单、双目摄像头识别功能。而且由于三目摄像头比双目摄像头又多了一个摄像头，所以在定位、测距方面感知范围更大，也更为准确。但同时标定3个摄像头，需要投入的算力工作量更为巨大，而且成本也会更高。图2-1-10为蔚来汽车上安装的三目摄像头，每个摄像头的视野范围不同，分工也有所不同：

①28°视场用于检测前车道线、交通信号灯。

②52°视场负责一般的道路状况监测。

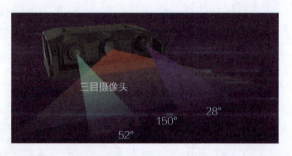

③150°视场用于检测平行车道、行人和非机动车行驶的状况。

图2-1-10 蔚来三目摄像头视野范围示意图

4）红外夜视成像仪。汽车夜视系统是一种利用红外夜视技术辅助驾驶人在黑夜中看清道路的系统。它可以提高行驶安全性。由于此系统核心部件价格昂贵，目前尚未大规模普及，仅搭载于部分高端豪华品牌车型。目前，夜视系统按成像原理与镜头不同可以分为3类：微光、近红外以及远红外（也称为热成像）。

①微光夜视：通过放大接收到的少量可见光，最终将图像采集完成并投射到相应显示屏上。微光夜视跟一般摄像头的成像原理一致，都是通过可见光实现夜视，但需要一定的可见光环境。

②近红外夜视：也称为主动红外夜视技术，是指工作时用较强的红外发射源照射目标，利用目标反射回来的红外线来得到物体的图像。

③远红外夜视（热成像系统）：也有人称之为被动红外夜视技术，主要是利用物体自身发出的红外辐射来成像，这也就是大家所说的热成像技术。热成像系统是基于目标与背景的温差形成的红外发射率的差异，利用辐射测温技术对目标逐点测定辐射强度，进而形成可见的目标热图像。

三种夜视系统对比见表2-1-4。

表2-1-4 红外夜视成像仪分类及对比

对比项目	微光	近红外	远红外（热成像）
成像光源	外界可见光	红外发生器（IR-ED）	自身热辐射
工作波段	360~830nm	800~1000nm	短波：3~5μm；长波：8~14μm
有效探测距离	≤150m	≤100m	>200m

(续)

对比项目	微光	近红外	远红外（热成像）
烟雾、沙尘	无法穿透	无法穿透	可穿透
强光及光线突变	影响CMOS成像	影响CMOS成像	对探测器无影响
全天候工作	×	×	√
成本	较低	高	最高

2. 按安装位置分类

目前汽车上搭载的摄像头根据安装位置主要分为前视摄像头、环视摄像头、后视摄像头、侧视摄像头以及内置摄像头五种类别，如图2-1-11所示。

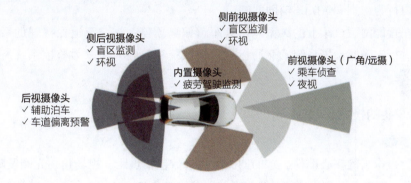

图2-1-11 车载摄像头的类型

前视摄像头是智能网联汽车上最主要的摄像头，承担了最多的感知功能，有单目/双目/三目的不同配置，侧视摄像头同样承担感知功能，环视摄像头以360°全景成像为主，后视摄像头主要用于泊车辅助，而内置摄像头用于驾驶人状态监测。前视摄像头会搭配远摄和广角镜头共同使用，其他位置摄像头以广角镜头或鱼眼镜头为主。扫码可查看各种类型摄像头相应的详细介绍。

四、摄像头的特点

1. 优点

1）信息丰富。可以获取目标物体的颜色、距离、纹理、深度、形状等，并且可以准确识别目标物体。

2）具备非常成熟的技术基础和算法。

3）制作工艺简单。相比于雷达，摄像头的本体结构和测试的复杂度都比较小，设计开发周期和成本都相对较低。

4）应用广泛。摄像头在智能网联汽车中的应用可以分为前视、后视、侧视、内置和环视，不同类型的摄像头可实现的功能不同。

2. 缺点

1）检测效果受天气、光照变化影响大，难以全天候工作，尤其是在黑夜、雨雪天、大雾等能见度不足的场景下,其识别效率大大降低。

2) 相比于激光雷达和毫米波雷达,摄像头的测距性能差。

3) 摄像头采集到的数据需要与样本进行匹配来完成识别,难以摆脱样本限制。

4) 缺乏深度信息,三维空间感不足。

五、摄像头的应用

从辅助驾驶到无人驾驶,摄像头的应用需求从成像镜头向感知镜头转变,使用场景由单一场景向多方位场景拓展,应用数量由单摄向多摄迈进。

由于过去汽车频发碰瓷、驾驶盲区、追尾等责任不明的交通事故,早期摄像头常用于行车记录、倒车影像、泊车环视等。随着摄像头在汽车领域的广泛应用,如今它已经逐步延伸到智能座舱内行为识别和ADAS辅助驾驶。

摄像头在智能网联汽车上的典型应用有车道偏离预警系统、车道保持辅助系统、前方碰撞预警系统、行人碰撞预警系统、交通标志识别系统和驾驶人注意力监控系统。扫码可查看详细介绍。

六、摄像头的技术参数

1. 镜头参数

镜头作为摄像头的核心部件,它的四大关键参数包括焦距、视场角、光圈及畸变系数。

(1) 焦距(EFL) 透镜中心到像焦点的距离,如图2-1-12所示。光学系统中的焦距用来衡量光学系统汇聚或发散光线的能力。

(2) 视场角(FOV) 视场角是镜头能看到的视野范围。焦距越小,视场角就越大,如图2-1-13所示。FOV小的镜头,一般用来观察远处。例如,前视测距通常使用FOV 30°/60°的镜头,FOV大的镜头可用来观察近处,两者形成有效互补。

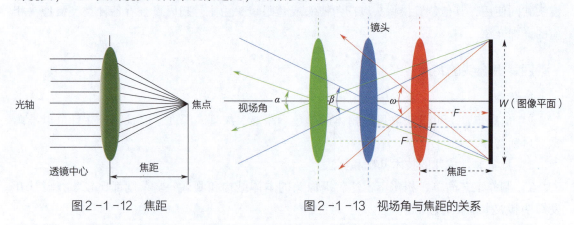

图2-1-12 焦距　　　　图2-1-13 视场角与焦距的关系

FOV又分为水平视场角(HFOV)、垂直视场角(VFOV)和对角视场角(DFOV),如图2-1-14所示。

(3) 光圈 衡量镜头性能的一个重要指标是光圈。光圈的定义是镜头的焦距除以直径($F=f/D$,D为镜头直径,f为镜头焦距),如图2-1-15所示。例如f/2.8(这里的f不再代表焦距)的光圈,意思是焦距/直径=2.8。

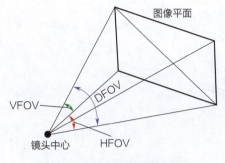

图2-1-14 视场角示意图

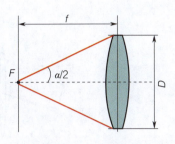

图2-1-15 光圈定义

光圈的数值越小,意味着镜头的开口越大,进光量就越多,如图2-1-16所示。例如,$f/1.4$的光圈,进光量就大于$f/2.8$的光圈。

常见的车载镜头光圈值一般会在$f/1.5$左右。

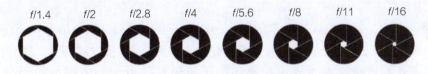

图2-1-16 光圈值和进光量的关系

(4)畸变系数 畸变是指光学系统对物体所成的像相对于物体本身而言的失真程度,它只引起像的变形,不影响像的清晰度。畸变主要分为径向畸变和切向畸变两种。

1)径向畸变:由透镜形状引起的畸变称之为径向畸变。在针孔模型中,一条直线投影到像素平面上还是一条直线。可是,在实际拍摄的照片中,透镜往往使得真实环境中的一条直线在图片中变成了曲线。越靠近图像的边缘,这种现象越明显。由于实际加工制作的透镜往往是中心对称的,这使得不规则的畸变通常径向对称。径向畸变主要分为桶形畸变和枕形畸变两大类,如图2-1-17所示。

图2-1-17 径向畸变

①枕形畸变:是指光学系统引起的成像画面向中间"收缩"的现象。枕形畸变在长焦镜头成像时较为常见,使人变瘦、变高的哈哈镜成像属于枕形畸变。

②桶形畸变:是指光学系统引起的成像画面呈桶形膨胀状的失真现象。桶形畸变在摄影镜头成像,尤其是广角镜头成像时较为常见,使人变矮、变胖的哈哈镜成像就是桶形畸变的一个比较形象的例子。

2)切向畸变:切向畸变是摄像头制作过程中透镜不完全平行于图像平面造成的,如图2-1-18所示。对于切向畸变的矫正需要严格把控镜头安装工艺,减少由于装配问题引起的误差。

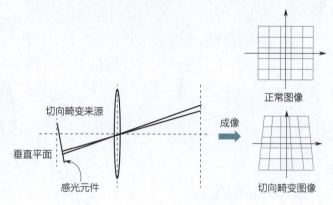

图 2-1-18 切向畸变产生的原因

2. 图像传感器参数

图像传感器的技术指标主要有像素、分辨率、芯片尺寸（也称靶面大小）、单像素尺寸和高动态范围。

1）像素。像素是指感光区域内单像素点的数量，是构成数字图像的最小单位。像素是决定摄像头图像清晰度的一个关键因素。像素越多，拍摄画面幅面就越大，可拍摄的画面的细节就越多。有些摄像头参数给出的是图像传感器长度方向和宽度方向的像素数，如 1920H×1080V；有些则直接给出了两者的乘积，如 200 万像素。

2）分辨率。分辨率是指单位长度上的像素点数，如图 2-1-19 所示。它决定于图片的像素数和图片的尺寸（幅面），是用于度量图像内数据量多少的一个参数。通常表示成 ppi（每英寸像素，pixel per inch）和 dpi（每英寸点，dots per inch）。

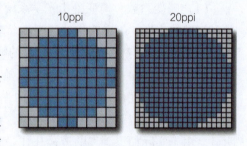

图 2-1-19 分辨率

分辨率的计算的方法是，以其在长度方向上的像素数，除以长度的尺寸数（英寸，in⊖）；或以其在宽度方向的像素数，除以宽度的尺寸数。例如，图片的像素是 640×480，其尺寸大小是：长：3.556in，宽：2.667in，则该图片的长度方向上的分辨率为 640÷3.556＝180（ppi）；宽度方向上的分辨率为 480÷2.667＝180（ppi）。

3）芯片尺寸。芯片尺寸是指感光区域对角线距离，如图 2-1-20 所示，是影响成像表现力的硬指标之一。芯片尺寸的大小是由分辨率和像素大小决定的。通常以英制单位表示，比如 1/4in，1/3in，1/2.3in 等。芯片尺寸越大，材料成本越高。

4）单像素尺寸（Pixel Size）。单像素尺寸是指单个感光元件的长宽尺寸，也称单像素的开口尺寸，比如 1.4μm、2μm 等，如图 2-1-21 所示。单像素尺寸是图像传感器一个相当关键的参数。单像素尺寸越大，光电二极管可接收光线的区域就越多，单位时间内进入的光能量就越大，图像传感器的性能就可以得到一定的提升，最终成像的效果会越好。

⊖ 1in＝25.4mm

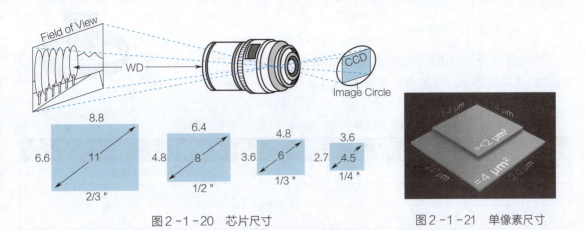

| 图2-1-20 芯片尺寸 | 图2-1-21 单像素尺寸 |

对于图像传感器的芯片尺寸、像素数量、单像素尺寸等,一般来说,手机等消费电子产品,为了获得更高清的图像,通常选择较高的像素数量,例如1亿像素(12032×9024),但是像素尺寸较小,例如0.7μm。而车载应用上,为了有更高的动态范围和更好的暗光性能,通常会选用像素尺寸更大的,例如3μm的CMOS传感器,但是像素的数量较少,例如800万像素(3840×2160)。具体实例见表2-1-5。

表2-1-5 不同应用领域的参数选用实例

参数	车载摄像头	手机摄像头	工业相机
芯片尺寸	大(typ. 1/2″)	小(typ. 1/4″)	中(typ. 1/2.5″)
像素数量	较少 Typ. 1~8百万像素	多 Typ. 10~100百万像素	少 Typ. 0.5~5百万像素
单像素尺寸	较大 Typ. 2~3μm	小 Typ. 0.7~1.3μm	大 Typ. 3~6μm

5)高动态范围。高动态范围(High-Dynamic Range,HDR),又称宽动态范围技术,是在非常强烈的对比度下,让摄像头看到影像的特色而运用的一种技术。高动态范围成像系统具有在一幅图像里能够同时体现高光和阴影部分内容的能力,即摄像头同时可以看清楚图像最亮和最暗部分的照度对比。有无高动态范围成像对比如图2-1-22所示。HDR在捕获各种照明强度和方向的可靠图像方面起着重要作用。

无HDR

有HDR

图2-1-22 有无高动态范围成像对比

HDR越高,图像传感器可以更好地保留光线强弱不同的区域细节,明亮处与黑暗处的细节都可以更好地还原呈现。人眼的动态范围为104 dB,车载摄像头的图像传感器应具有比人眼更好的视觉识别能力。它的有效运行的动态范围应该达到120 dB以上。

七、实训硬件设备介绍

本项目选用的摄像头是杰锐微通 USB 摄像头 HF868-2，其外形如图 2-1-23 所示。主要参数见表 2-1-6。

图 2-1-23　USB 摄像头外形

表 2-1-6　USB 摄像头 HF868-2 主要参数

项目	参数
图像分辨率	1920 像素 × 1080 像素
最大探测距离	10m
水平视场角	112°
垂直视场角	82°
分辨率	800 万像素（MegaPixel，MP）
帧率	30 帧/s
工作温度	-40~70°C

项目实施

一、实施准备

1. 工具设备准备

工具设备准备见表 2-1-7。

表 2-1-7　工具设备准备

分类	名称	数量	图例
实训设备	智能汽车传感器实训系统	1 套	
防护用品	工作服	1 套	
防护用品	安全帽	1 个	
防护用品	工作手套	1 双	

（续）

分类	名称	数量	图例
工具、设备	摄像头（含USB线和支架）	1套	
	角度尺	1把	
	螺钉旋具套装	1套	
辅助材料	绝缘垫	1张	
	无纺布	1张	

2. 工具及设备检查

（1）摄像头外观检查

1）摄像头外观结构应完整，表面无脏污、破损、划痕、裂纹、凹痕和凸点。

2）镜头不应有气泡、划痕、裂纹、污物等缺陷。

3）连接线束外观结构应完整，表面不应有破损、变形、裂痕等问题。

4）线束插接口应无损坏，无变形或生锈等缺陷。

（2）摄像头的品质检查

1）将摄像头的USB连接线连接到计算机的USB插接口上。

2）打开摄像头检测软件（AMCAP），如图2-1-24所示。

3）单击"Devices"菜单，查看是否有"RMONCAM A2 1080P"设备选项，如图2-1-25所示。如果有，选择此设备；如果无此设备，则继续检查USB接口是否有效，连接是否正常。如果接口和连接正常，则说明USB摄像头损坏。

工具及设备检查

图2-1-24 摄像头检测软件

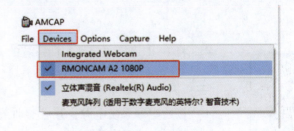

图2-1-25 设备选项

4）在选择设备成功后，再单击"Options"菜单，选择"Preview"按钮显示图像。如果界面显示如图 2-1-26 所示，说明摄像头显示正常，如果显示黑色，则需要检查摄像头是否被镜头保护帽遮挡，如果无遮挡或者显示界面无响应，则说明摄像头损坏。

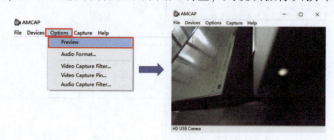

图 2-1-26　正常加载图像

5）如果摄像头显示正常，晃动摄像头，观察软件中图像的延时情况，如果存在明显的延迟，则说明摄像头损坏；否则，说明摄像头正常。

6）摄像头画面出现混有杂乱的"横道""波纹"或一阵阵杂乱的飞点、刺、线状干扰，或者图像模糊、扭曲、抖动、翻滚等不正常的画面，则说明摄像头已损坏。

二、摄像头的安装

在安装过程中需要注意不要把镜头倒置，或碰到其他操作台面，避免刮花镜头。

视觉传感器的安装

1）使用十字螺钉旋具将摄像头支架固定在实训系统上，如图 2-1-27 所示。

2）使用十字螺钉旋具将摄像头固定在支架上，如图 2-1-28 所示。

3）使用角度尺调整摄像头的俯仰角度，标准角度为 90°，保证摄像头能水平看到周围环境，如图 2-1-29 所示。

图 2-1-27　安装支架　　　　图 2-1-28　安装摄像头　　　图 2-1-29　调整摄像头的俯仰角度

4）将 USB 连接线接到实训系统的 USB 插接口上。

三、摄像头的调试

视觉传感器的调试

1）接通实训系统电源，开启实训系统电源开关。

2）打开实训系统计算机，双击打开"相机测试软件"，如图 2-1-30 所示。

3）在设置一栏，查看在测试软件中是否可以选择设备，如果有设备，则单击选择，然后单击"开启"按钮，如图2-1-31所示。开启成功后，界面会显示摄像头画面。

图2-1-30 相机测试软件图标

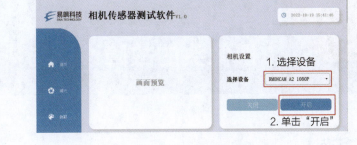

图2-1-31 相机设置

4）调节参数。

扫码可查看详细的调参方法。

四、摄像头的拆卸

1）关闭软件、计算机及实训系统电源。

2）先断开摄像头 USB 接口，再使用合适的工具拆卸摄像头及支架。

五、整理清洁

完成 6S 整理清洁工作。

工作中的 6S 指整理（SEIRI）、整顿（SEITON）、安全（SAFETY）、清扫（SEISO）、清洁（SEIKETSU）、素养（SHITSUKE），又被称为"六常法则"或"六常法"。

复习题

1. 单选题

（1）（　　）是决定摄像头图像清晰度的一个关键因素。

　　A. 光栅系数　　　　B. 信噪比　　　　C. 像素　　　　D. 感光度

（2）（　　）决定图像传感器能否更好地保留光线强弱不同的区域的细节。

　　A. 高动态范围　　　B. LED 闪烁抑制　C. 单像素尺寸　　D. 分辨率

2. 判断题

（1）视觉传感器在智能网联汽车上的应用是以摄像头的形式出现的。（　　）

（2）鱼眼镜头属于超广角镜头中的一种特殊镜头。（　　）

（3）摄像头捕捉目标物体图像的能力只取决于镜头。（　　）

（4）畸变会影响图像的清晰度。（　　）

3. 简答题

车载摄像头一般选用哪种图像传感器？为什么？

学习任务二
摄像头的故障诊断与排除

任务描述

一位客户驾驶车辆在道路上行驶的过程中突然发现：在经过交通标志时，车辆显示屏没有显示交通标志的内容，他怀疑是摄像头出现故障了，于是前往你们公司寻求帮助。这时你的领导安排你对摄像头进行故障诊断，排查原因并排除故障，保证摄像头能够正常工作。你应该如何完成这个任务？

学习目标

知识目标
1. 能列举摄像头的常见故障及原因。
2. 能归纳摄像头故障检测的方法及流程。

技能目标
1. 能独立完成摄像头的故障诊断。
2. 能独立完成摄像头的故障检测与故障机理分析。

素养目标
1. 严格执行企业 6S 管理制度。
2. 培养严谨求实的工匠精神，热爱劳动的好品质。
3. 在党的正确领导下取得日新月异的发展，研发出自主知识产权的诊断设备，激发学生民族自尊心、自信心和自豪感，坚定"四个自信"。

知识图谱

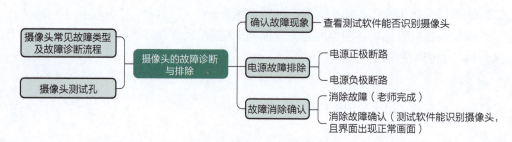

知识准备

一、摄像头常见故障类型

摄像头的故障类型如图 2-2-1 所示。

摄像头最常见的故障主要包括无图像、画面抖动、画面模糊、画面倾斜、图像暗等，这些故障对应的故障原因有摄像头插头松动、固定镜头主体支架松动、镜头积灰、摄像头主体安装歪斜、电源供电的功率偏小等。

二、摄像头常见故障诊断流程

实训系统上的摄像头出现故障时，依次检查台架供电、摄像头插拨器与线束、摄像头供电、摄像头调试软件、摄像头本体是否出现故障。本课程是在实训系统供电、摄像头插接器以及摄像头自身都正常的情况下，再进行故障排除，因此在故障排除过程中只需考虑电源故障。

三、摄像头测试孔

摄像头电源测试孔的位置与说明如图 2-2-2 所示。

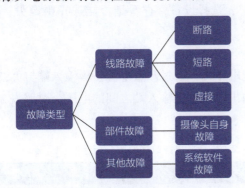

图 2-2-1 摄像头故障类型

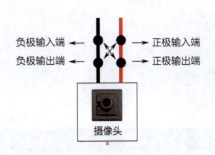

图 2-2-2 摄像头电源测试孔

项目实施

一、实施准备

1. 工具设备准备

工具设备准备见表 2-2-1。

表 2-2-1 工具设备准备

分类	名称	数量	图例
实训设备	智能汽车传感器实训系统	1 套	—
防护用品	工作服	1 套	—
	安全帽	1 个	—
	工作手套	1 双	—

(续)

分类	名称	数量	图例
工具、设备	数字式万用表	1 套	
辅助材料	绝缘垫	1 张	—
	无纺布	1 张	—

2. 检查数字式万用表

1）打开数字式万用表电源，检查电量是否足够。

2）将档位调至蜂鸣档，短接两表笔，如图 2-2-3 所示，检查万用表是否正常。

二、故障诊断流程

1. 确认故障现象

1）接通实训系统电源，开启实训系统电源开关。

图 2-2-3 短接两表笔

2）打开"相机测试软件"，选择设备，查看是否能选择摄像头，确认故障现象。

视觉传感器电源故障现象确认

2. 电源故障排除

将数字式万用表调至直流电压档，通过测量电源正极输入端与负极输出端之间的电压，以及电源正极输出端与负极输入端之间的电压，对照表 2-2-2 找出故障原因。

视觉传感器电源故障检诊

表 2-2-2 摄像头电源故障原因分析

序号	红表笔	黑表笔	电压	故障原因
1	正极输入端	负极输出端	供电电压（5V）	电源正极断路
	正极输出端	负极输入端	0V	
2	正极输入端	负极输出端	0V	电源负极断路
	正极输出端	负极输入端	供电电压（5V）	

3. 故障消除确认

1）学生正确找到故障原因后，由老师清除故障。

2）消除故障确认。打开"相机测试软件"，选择设备，然后单击"开启"按钮。若界面有画面，说明故障已清除。

视觉传感器电源故障消除确认

三、系统复原与 6S 整理清洁工作

1）关闭摄像头测试软件，关闭实训系统计算机和电源。

2）完成 6S 整理清洁工作。

复习题

1. 单选题

测试人员使用万用表测试摄像头的电源测试孔,发现正极输入端与负极输出端之间的电压为 5V,正极输出端与负极输入端的电压接近 0V,那么可以判断故障原因为(   )。

A. 电源负极断路   B. 电源正极断路
C. 电源负极虚接   D. 电源正、负极同时断路

2. 简答题

(1) 摄像头常见的故障类型有哪些?
(2) 简述对实训系统上的摄像头进行故障排除的常见流程。

学习任务三
基于摄像头实现自动限速识别功能

某客户遇到这样一种情况：他在高速公路上行驶时，收音机里播放着他最喜欢的歌曲，突然，他越过限速标牌，在 70km/h 的限速区以 90km/h 的速度驶过，几秒后才反应过来，几周后就收到了一张罚单。

你们公司在对这位客户进行回访时，他向你们反馈了这个情况，并且提出了这样的建议："如果汽车具备自动限速调节功能，也许可以减少这种情况发生的次数，汽车上的摄像头高效识别车辆行驶路段的限速要求，并且仪表板会显示一个由摄像头数据确定的速度限制，超出该限制时，限速图标会轻微闪烁以提示驾驶人保持正确的车速"。

听了这位客户的建议后，你决定尝试开发自动限速识别功能，你应该如何完成这个任务？

知识目标

1. 能阐述交通标志识别的定义。
2. 能列举交通标志识别的方法。
3. 能归纳交通标志识别的一般流程。
4. 能说出精灵标注助手和目标检测算法 YOLO 的作用。
5. 能归纳自动限速识别功能开发任务流程。

技能目标

1. 能独立完成自动限速识别项目的环境配置准备。
2. 能独立完成数据标注和数据集的构建。
3. 能独立完成模型训练和基本训练参数的调节。
4. 能独立完成限速标志检测功能。

素养目标

1. 严格执行企业 6S 管理制度。
2. 突破思维模式，敢于创新，学生创新能力培养。

知识图谱

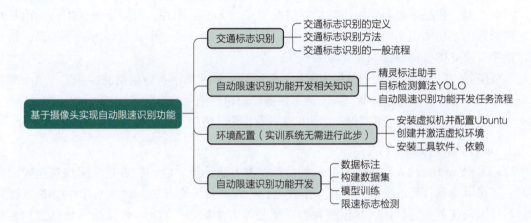

知识准备

一、交通标志识别

交通标志由特定的文字、图形和符号组成，在一定范围内具有标准、醒目、信息明确的特性，是图像识别技术在交通领域应用的首选。从图像识别技术诞生之日起，交通标志识别的算法和模型一直受到广泛的关注，也让这一技术发展相对成熟，并成功应用到自动驾驶领域中。

1. 交通标志识别的定义

交通标志识别又称为 TSR（Traffic Sign Recognition），是指能够在车辆行驶过程中对出现的道路交通标志信息进行采集和识别，及时向驾驶人做出指示或警告，或者直接控制车辆进行操作，以保证交通通畅并预防事故发生的功能。在安装有安全辅助驾驶系统的车辆中，如果车辆能够提供高效的 TSR 系统，及时为驾驶人提供可靠的道路交通标志信息，则可以有效提高驾驶安全性和舒适性。

2. 交通标志识别方法

交通标志识别方法包括四种：基于颜色信息的交通标志识别、基于形状特征的交通标志识别、基于显著性的交通标志识别和基于特征提取和机器学习的交通标志识别。

本节任务采用基于特征提取和机器学习实现交通标志（限速标志）的识别功能。

3. 交通标志识别的一般流程

利用摄像头进行交通标志识别的流程主要是"原始图像采集→图像预处理→图像分割检测→图像特征提取→交通标志识别"。

二、自动限速识别功能开发相关知识

1. 认识精灵标注助手

目前，人工智能领域需要标注数据的情况很多，无论是图片、视频还是文本；无论是对象分类问题还是物体识别问题，都需要标注。精灵标注助手是一个比较好用的小工具，精灵标注助手目前支持 Windows/Mac/Linux 平台。

本节任务的训练数据集为限速标志图片，将用精灵标注助手进行前期的标注工作，下载后放到后续的 YOLO 项目文件夹中。该工具不仅操作简单、上手快，除了支持图片标注外，还支持文本标注、视频标注，还可以保存之前标注的数据集，方便后续对数据集标注内容的修改。

2. 认识目标检测算法 YOLO

YOLO（You Only Look Once）是一种目标检测方法，该方法的特点是在实现快速检测的同时，还可以达到较高的准确率。相对于其他目标检测与识别方法（比如 Fast R-CNN 方法），它将目标识别任务分为目标区域预测和类别预测等多个流程。YOLO 将目标区域预测和目标类别预测整合于单个神经网络模型中，实现在准确率较高的情况下快速目标检测与识别，更加适合现场应用环境。本次实训采用 YOLOv5（可以理解为 YOLO 的第五代，它不是一个单独的模型，而是一个模型家族，包括了 YOLOv5s、YOLOv5m、YOLOv5l、YOLOv5x）进行交通标志的检测。

3. 自动限速识别功能开发任务流程

自动限速调节（ASL）是交通标志识别在驾驶辅助领域较为成熟的应用方案之一。自动根据识别到的限速标志显示的限速值提前进行预判，自动调节车速。

而本任务开发的自动限速识别功能是自动限速调节的一个小功能，自动限速识别功能的开发任务流程包括以下几步：

1）限速标志图片采集。
2）选择标注软件。
3）数据标注（限速标志图片标注）。
4）生成标注信息对应的文件目录。
5）数据集生成。
6）调节参数。
7）模型训练。
8）限速标志识别准确率验证。
9）将训练好的模型应用于真实路况的限速标志识别。

项目实施

一、实施准备

1. 工具设备准备

工具设备的准备见表 2-3-1。

表2-3-1 工具设备准备

分类	名称	数量	图例
实训设备	智能汽车传感器实训系统	1套	—
防护用品	工作服	1套	—
	安全帽	1个	—
	工作手套	1双	—
辅助材料	无纺布	1张	—

2. 环境配置

对于本实训系统，环境已经配置完成，但是对于没有本实训系统的读者，需要一些基本设备，如比较新的计算机（Win10 系统，64 位）并且配置 Ubuntu 系统，才能够进一步完成接下来的实训。

二、自动限速识别功能的开发

1. 标注前的准备工作

准备好需要标注的含有限速标志的原始图片数据集，放到 data/images 文件夹中。找到精灵标记助手，鼠标右键单击运行，如图 2-3-1 所示。

图 2-3-1 运行标注软件

2. 数据标注

选定原始图片数据集位置，使用 p1+数值对限速标识进行标注。

3. 构建数据集

在 yolov5 的根目录下新建文件 makeTxt.py 和文件 voc_label.py，本项目已提供好了这两个文件。

makeTxt.py 主要是将数据集分成训练数据集和测试数据集，默认 train、val、test 按照 8∶1∶1 的比例进行随机分类，运行后 ImagesSets 文件夹中会出现四个文件，主要是生成的训练数据集和测试数据集的图片名称。同时，data 目录下也会出现这四个文件，内容是训练数据集和测试数据集的图片路径，具体操作步骤如下。

1）在 yolov5 文件夹下，空白处右键打开一个终端窗口，如图 2-3-2 所示。

图 2-3-2　yolov5 文件夹下打开一个终端窗口

2）输入以下命令，然后按下 Enter 键，进入已经配置好的虚拟环境。

```
source activate yolov5
```

3）输入以下命令，按下 Enter 键，运行 makeTxt.py 文件，生成标注信息对应的文件目录，trainval.txt、test.txt、train.txt 和 val.txt 四个文件，如图 2-3-3 所示。

```
python makeTxt.py
```

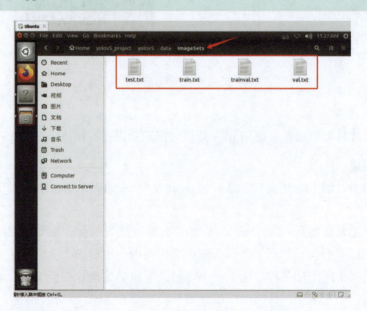

图 2-3-3　make Txt.py 文件下生成四个文件

4）输入以下命令运行 voc_label.py 文件。voc_label.py 主要是将图片数据集标注后的 xml 文件中的标注信息读取出来并写入 txt 文件，运行后在 labels 文件夹中出现所有图片数据集的标注信息，labels 文件夹下生成的 txt 文件如图 2-3-4 所示。

```
python voc_label.py
```

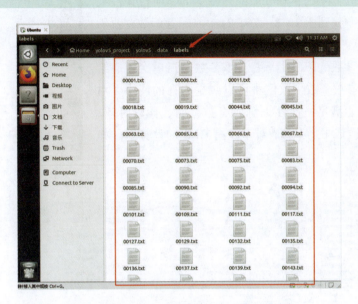

图 2-3-4　labels 文件夹下生成的 txt 文件

至此，本次训练所需的数据集已经全部准备好了。

4. 文件修改

1）数据集方面的 yaml 文件修改（yaml 是专门用来写配置文件的语言，是一种通用的数据串行化格式）。首先，在 data 目录下，复制一份 coco.yaml 文件并将其重命名。例如，本镜像包中的文件命名为 sign.yaml，放在 data 目录下，并对 sign.yaml 中的参数进行配置。如图 2-3-5 所示。修改 train、val、test 后面的路径为之前存放的路径，nc 为数据集的类别数，其值修改为 10，names 为类别名称的集合，与第 2 步中标注精灵助手标注图片的时候所设置的参数一致。

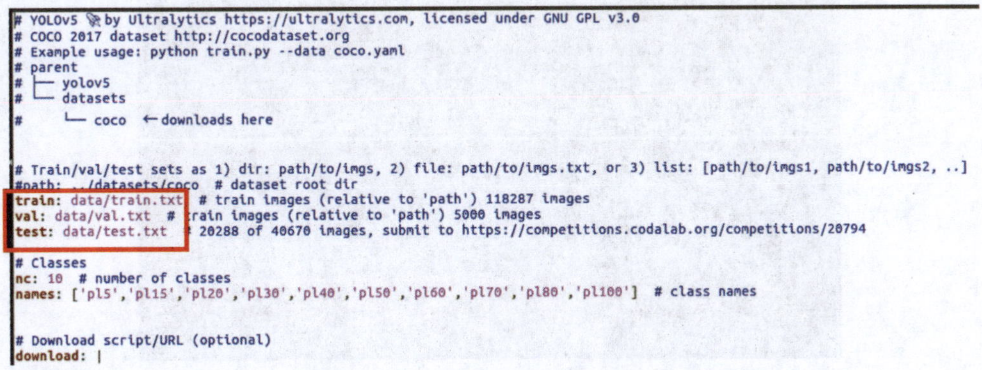

图 2-3-5　sign.yaml 文件修改

2）网络参数方面的 yaml 文件修改。接着对 yolov5_project/yolov5/models 目录下的 yolov5s.yaml 文件进行修改，根据实际标注类别修改，如图 2-3-6 所示，把 nc 的参数改为 10。

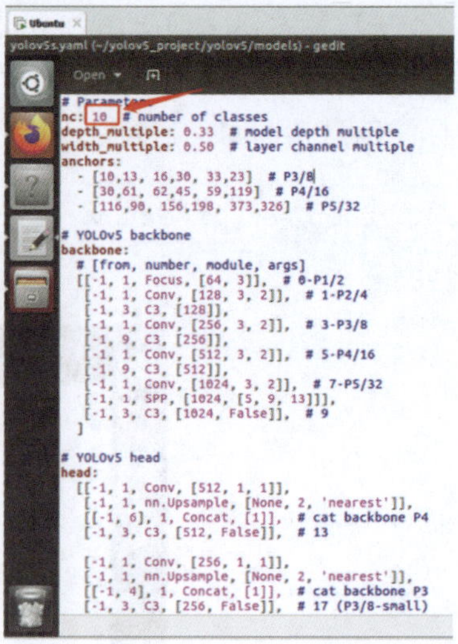

3）准备训练脚本文件（train.py，在 yolov5 项目文件夹下）。在 train.py 中找到图 2-3-7 中的参数配置函数，改为前面修改的 yaml 文件名称。若运行训练脚本报错，可以尝试将'-batch-size'参数的值改小一些，该参数是指单次传递给程序用以训练的参数个数，数值小可以减少内存的使用，对于计算机内存不能满足一次性训练所有数据时，比较有效。有时候甚至需要改成 1，特别是对于没有 GPU 的计算机，如图 2-3-7 所示。

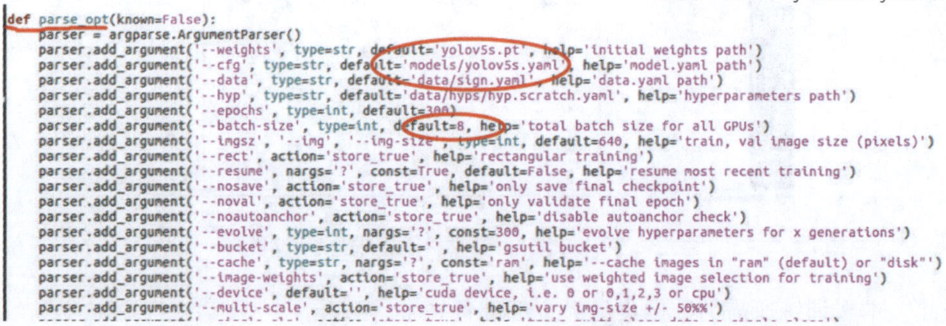

图 2-3-6　yolov5s.yaml 文件修改

图 2-3-7　训练脚本文件（train.py）的参数修改与设置

5. 开始模型训练

回到 yolov5 虚拟环境，输入以下命令运行文件，以默认参数进行训练，如图 2-3-8 所示。

```
python train.py
```

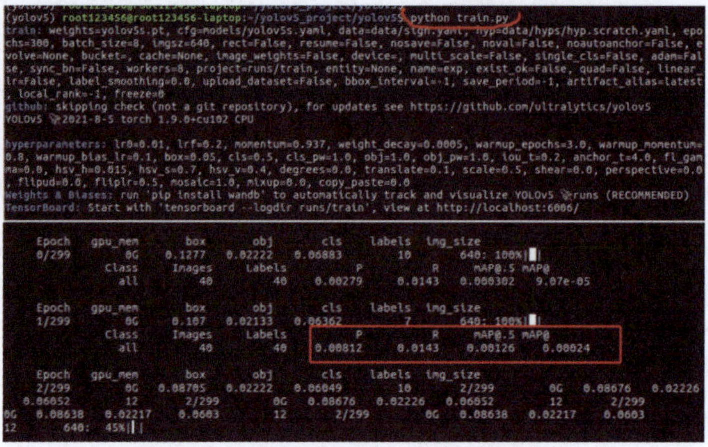

图 2-3-8　运行 python train.py

如果只考虑正样本的指标,精确度 P(Precision)和召回率 R(Recall)是比较常用的指标。

正样本是指属于某一类别的样本,负样本是指不属于某一类别的样本。例如,在做字母 A 的图像识别时,字母 A 的样本就属于正样本,不是字母 A 的样本就属于负样本。TP(True Positive),把正样本判定为正样本;FP(False Negative),把正样本判定为负样本;TN(True,Negative),把负样本判定为负样本;FP(False Positive)把负样本判定为正样本。

图 2-3-8 框出来的参数介绍如下。

1)正样本的精确度 P:表示判定为正样本的样本中,真正的正样本比率有多少,P = TP/(TP + FP)。

2)召回率 R:是指针对所有正样本,有多少正样本被判定正确了,R = TP/(TP + FN)。

3)mAP(mean average precision):是一个平均值,常用作目标检测中的检测精度指标。mAP 指标通过利用一个平均目标来检测任务中多个目标所对应的不同 AP(average precision)值,并进行计算得到的。AP 衡量的是训练出来的模型在一个类别上的好坏,而 mAP 则衡量训练出的模型在所有类别上的好坏。

图 2-3-8 为采用默认参数进行训练的结果,但这样的结果往往不是最好的,通常我们需要调整某一个或几个参数来训练出更好的模型。在 Yolov5 中我们通常仅需要调整 img_size,batch_size 以及 epoch 即可。

6. 准备识别验证训练模型

训练完成后,会生成 exp 文件夹。模型文件的具体名称以终端打印文件为准,以 exp3 为例,在 exp3/weights 文件夹下,best.pt 为训练后的权重文件,是训练后得到的结果,如图 2-3-9 所示。

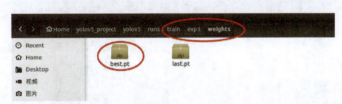

图 2-3-9 训练后的模型文件

回到 yolov5 项目文件夹,找到 detect.py 文件并打开,指定训练后的 best.pt 路径。以及要识别的图片路径,如图 2-3-10 所示。

```
def parse_opt():
    parser = argparse.ArgumentParser()
    parser.add_argument('--weights', nargs='+', type=str, default='runs/train/exp3/weights/best.pt', help='model.pt path(s)')
    parser.add_argument('--source', type=str, default='data/sign_pic2', help='source')
    parser.add_argument('--imgsz', '--img', '--img-size', type=int, default=640, help='inference size (pixels)')
    parser.add_argument('--conf-thres', type=float, default=0.25, help='confidence threshold')
    parser.add_argument('--iou-thres', type=float, default=0.45, help='NMS IoU threshold')
    parser.add_argument('--max-det', type=int, default=1000, help='maximum detections per image')
    parser.add_argument('--device', default='', help='cuda device, i.e. 0 or 0,1,2,3 or cpu')
    parser.add_argument('--view-img', action='store_true', help='show results')
    parser.add_argument('--save-txt', action='store_true', help='save results to *.txt')
    parser.add_argument('--save-conf', action='store_true', help='save confidences in --save-txt labels')
    parser.add_argument('--save-crop', action='store_true', help='save cropped prediction boxes')
    parser.add_argument('--nosave', action='store_true', help='do not save images/videos')
    parser.add_argument('--classes', nargs='+', type=int, help='filter by class: --class 0, or --class 0 2 3')
    parser.add_argument('--agnostic-nms', action='store_true', help='class-agnostic NMS')
    parser.add_argument('--augment', action='store_true', help='augmented inference')
    parser.add_argument('--visualize', action='store_true', help='visualize features')
    parser.add_argument('--update', action='store_true', help='update all models')
    parser.add_argument('--project', default='runs/detect', help='save results to project/name')
    parser.add_argument('--name', default='exp', help='save results to project/name')
```

图 2-3-10 指定模型所在位置

7. 实现限速标志检测

yolov5实现限速标志检测

回到 yolov5 虚拟环境，输入以下命令开始识别。

```
python detect.py
```

通过打印信息找到识别结果保存路径为 runs/detect/exp11，如图 2-3-11 所示。

图 2-3-11 识别结果保存路径

打开 exp11 文件，查看识别后的图片，在图片中会出现识别结果，其中 pl40 表示限速 40 km/h，0.60 为识别率，如图 2-3-12 所示。至此，完成了自动限速识别（ASL）功能的开发。

图 2-3-12 识别结果可视化

但是，识别率不是很高，可能与训练样本基数大小有关。而且，识别后需要结合一些识别指标（如平均精度）判断训练的质量，并结合样本数量、图片质量、训练参数设置、模型选择等因素的影响考虑，优化训练结果等，此处暂不展开讨论。

三、系统复原与6S整理清洁工作

1）关闭虚拟机，关闭实训系统计算机和电源。
2）完成 6S 整理清洁工作。

复习题

1. 填空题

（1）利用摄像头进行交通标志识别的流程：原始图像采集→_____→图像分割检测→_____→交通标志识别。

（2）交通标志识别的方法：基于_____的交通标志识别、基于_____的交通标志识别、基于显著性的交通标志识别、基于_____的交通标志识别。本任务是基于_____的交通标志识别方法，实现自动限速识别功能的。

2. 简答题

简述自动限速识别功能开发任务流程。

学习任务四
基于摄像头实现车道线检测功能

 任务描述

现代汽车的驾驶辅助功能越来越多,其中包括车道保持辅助功能和车道偏离预警功能。在实现这两个功能之前,摄像头需要对车道线产生准确感知,以保证控制汽车在道路上沿车道线移动,因此车道线检测技术是实现高级辅助驾驶和自动驾驶的基础。

你决定研究一下车道线检测技术,通过摄像头实现车道线的检测,以便后续汽车功能的迭代,你应该如何完成这个任务?

学习目标

知识目标

1. 能说出车道线检测的作用。
2. 能区分语义分割与实例分割。
3. 能列举车道线检测常用的数据集。
4. 能归纳出 LaneNet + H – Net 和 LaneATT 算法模型的不同点。

技能目标

1. 能利用 LaneNet 算法进行车道线识别测试。
2. 能利用 LaneATT 算法进行车道线识别测试。

素养目标

1. 严格执行企业 6S 管理制度。
2. 增强学生主动服务汽车产业发展的意识和能力,培养爱岗敬业的"螺丝钉精神"。

 知识图谱

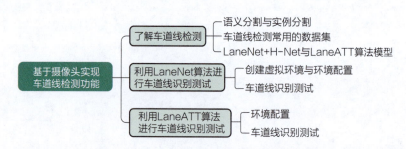

知识准备

车道线检测

车道线是道路交通中最重要的交通标志,可以对车辆的行驶起到约束保障的作用。无论是在车辆安全驾驶系统中,还是在基于机器视觉的智能车辆导航中,车道线的检测与识别都是一个基本的、必备的功能模块。

车道线检测是将车道标记识别为近似曲线的过程,被广泛用于自动驾驶汽车的车道偏离预警、车道保持辅助和自适应巡航控制等。

车道线检测属于计算机视觉图像处理类任务中的分割任务。众所周知,图像在计算机中是像素的集合。而图像分割是对图像中属于特定类别的像素进行分类的过程。传统的图像分割算法是基于灰度值的不连续和相似的性质,而基于深度学习的图像分割技术则是利用卷积神经网络,来理解图像中的每个像素所代表的真实世界物体。

1. 语义分割与实例分割

基于深度学习的图像分割技术主要分为两类:语义分割和实例分割。

(1) 语义分割　语义分割是对每个像素打上类别的标签,同一类别的所有像素都用一种颜色标识,但是同一类别之间的对象不会区分,如图2-4-1所示,人、地面、树木和天空各一个颜色标识,但是每个个体不会进行区分。

(2) 实例分割　实例分割只对特定的物体进行分类,实例分割可以看成是目标检测与语义分割的结合,是检测任务的拓展,在能够准确识别每个目标的基础之上,为多个类别的每个实例生成边界框,以及相应的对象分割掩码,将同一类的多个对象视为不同的实例。图2-4-2所示是只对人进行个体分割的例子。

图2-4-1　语义分割

图2-4-2　实例分割

2. 车道线检测常用数据集

车道线检测大多采用深度学习的算法实现,为了让算法更好地实现其功能,需要给算法足够多的数据,这些数据被分为训练集、验证集和测试集。训练集用来拟合模型,通过设置分类器的参数,训练分类模型;当通过训练集训练出多个模型后,为了能找出效果最佳的模型,使用各个模型对验证集数据进行预测,并记录模型准确率,选出效果最佳的模型所对应的参数,即验证集被用来调整模型参数。在通过训练集和验证集得出最优模型后,测试集被用于模型预测,用来衡量该最优模型的性能和分类能力。

车道线检测数据集的构建需要各场景类别的数据平衡,比如高速公路、辅路、盘山路、夜晚、雨天等数据,以模拟真实行车环境。开源的车道线数据集有 TuSimple、CULane、Caltech、VPGNet、BDD100k、ApolloScape 以及 CurveLanes。其中,TuSimple 和 CULane 是车道线检测最常用的数据集。

(1) CULane 数据集 CULane 数据集是用于行车道检测学术研究的大规模具有挑战性的数据集。整个数据集的采集过程是通过 6 辆北京出租车上的摄像头完成的。它收集了超过 55h 的视频,并提取了 133,235 帧,数据集示例如图 2-4-3 所示。我们将数据集分为训练集(包含 88880 张图片)、验证集(包含 9675 张图片)和测试集(34680 张图片),包含正常(Normal)场景以及拥挤(Crowded)、黑夜(Night)、无线(No line)、阴影(Shadow)、快速移动(Arrow)、炫目的光(Dazzle light)、弯道(Curve)和十字路口(Crossroad)等八种难以检测的情况。也就是说,通过 CULane 数据集训练出来的模型能够兼顾更加复杂的环境。对于每帧,CULane 用三次样条曲线手动注释行车道。对于车道标记被车辆遮挡或看不见的情况,数据集仍会根据上下文注释车道。

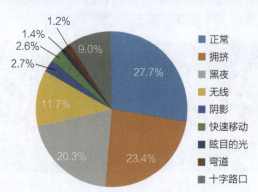

图 2-4-3 CULane 数据集示例

(2) TuSimple 数据集 TuSimple 数据集为车道检测任务提供了约 7000 个 1s 时长的视频片段,每个片段 20 帧,每个片段的最后一帧包含有标签的车道。视频片段可以帮助算法推断出更好的车道检测结果。整个 TuSimple 数据集的复杂度并不是很高。该数据集在较好或中等的天气条件下,对 2 车道及以上的高速公路车道进行数据采集。其中包含 3626 个用于训练的视频片段以及 2782 个用于测试的视频片段。TuSimple 数据集示例如图 2-4-4 所示。虽然 TuSimple 数据集的数据采集的时间较早,数据是"过时的数据",并且路况不太符合目前中国的路况环境，但是目前世界范围内的大多数车道线检测算法都是基于 TuSimple，包括我们本节课介绍到的 LaneNet 算法以及 LaneATT 算法。

图 2-4-4　TuSimple 数据集示例

3. 车道线检测算法

本节主要介绍两种算法模型，一种是 LaneNet+H-Net，第二种是 LaneATT。

（1）LaneNet+H-Net 算法模型　LaneNet 是一种将语义分割和对像素进行向量表示结合起来的多任务模型，负责对图片中的车道线进行实例分割；H-Net 是由卷积层和全连接层组成的网络模型，负责预测转换矩阵 H，使用转换矩阵 H 对属于同一车道线的像素点进行回归，能够对车道线进行良好的拟合。整体网络结构如图 2-4-5 所示。

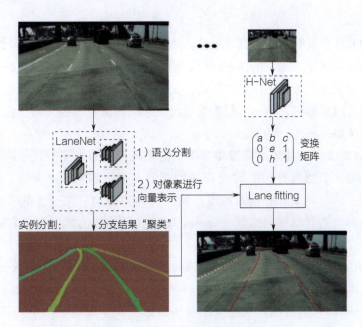

图 2-4-5　LaneNet 算法原理

1）LaneNet 对输入图像进行实例分割，其中网络结构分为两个方向，一个是语义分割，另一个是对像素进行向量表示。最后，将两个分支的结果进行聚类，得到实例分割的结果。

LaneNet 输出实例分割的结果,为每个车道线像素分配一个车道线 ID(Identity,标识)。

2) H-Net 模型:目前所使用的透视变换矩阵的参数通常是预先设定、不会改变的,在面对水平线波动的影响(如上、下坡)等情况下的车道线拟合并不准确,鲁棒性不强。而 H-Net 模型可以用来学习透视变换矩阵的参数 H,公式如下:

$$H = \begin{bmatrix} a & b & c \\ 0 & e & 1 \\ 0 & h & 1 \end{bmatrix}$$

可以看出,转置矩阵 H 只有 6 个参数,因此 H-Net 的输出是一个 6 维的向量,置零是为了强制约束,即在变换下水平线保持水平。H-Net 的网络体系结构较小,由 6 层普通卷积网络和一层全连接网络构成,其网络结构如图 2-4-6 所示。

Type	Filters	Size/Stride	Output
Conv+BN+ReLU	16	3×3	128×64
Conv+BN+ReLU	16	3×3	128×64
Maxpool		2×2/2	64×32
Conv+BN+ReLU	32	3×3	64×32
Conv+BN+ReLU	32	3×3	64×32
Maxpool		2×2/2	32×16
Conv+BN+ReLU	64	3×3	32×16
Conv+BN+ReLU	64	3×3	32×16
Maxpool		2×2/2	16×8
Linear+BN+ReLU		1×1	1024
Linear		1×1	6

图 2-4-6 H-Net 网络结构

(2)LaneATT 算法模型 LaneATT 是基于 PyTorch 框架下的车道线检测算法。PyTorch 是一个开源的 Python 机器学习库,PyTorch 的前身是 Torch,其底层和 Torch 框架一样,但是使用 Python 重新写了很多内容,不仅更加灵活,支持动态图,而且提供了 Python 接口。它是一个基于 Python 的可续计算包,是一个包含自动求导系统的深度神经网络,且具有强大的 GPU 加速的张量计算(如 NumPy)功能。

LaneATT 在 CULane 数据集上有着相当不错的表现,同时也支持其他的数据集。它的优点具体表现为:第一,比现有的实时处理模型都要准确,在较大和复杂的 CULane 数据集上有更好的表现;第二,训练和推断速度比较快(250 帧/s);第三,基于锚框[在图像中指示感兴趣的目标的边界框称为锚框(anchor box)]的注意力机制,使它的检测对象更加精准。

LaneATT 使用从安装在车辆中的前置摄像头拍摄的 RGB 图像作为输入,输出是车道线。为了生成这些输出,卷积神经网络(CNN,称为主干)会生成一个特征图,然后将其汇总,以提取每个锚(anchor)的特征。这些特征与注意力模块生成的一组全局特征结合在一起。通过组合局部和全局特征,该模型可以更轻松地使用来自其他车道的信息,这在有遮挡或没有可见车道标记的情况下,可能是必需的。最后,将合并的特征传递到全连接层,以预测最终的输出通道。

项目实施

本次任务利用 LaneNet 和 LaneATT 算法实现车道线检测。

一、实施准备

工具设备准备

工具设备准备见表 2-4-1。

表 2-4-1 工具设备准备

分类	名称	数量	图例
实训设备	智能汽车传感器实训系统	1 套	—
防护用品	工作服	1 套	—
	安全帽	1 个	—
	工作手套	1 双	—
辅助材料	无纺布	1 张	—

二、利用 LaneNet 算法进行车道线识别测试

利用LaneNet算法预测样例数据

1. 创建虚拟环境与环境配置

1）在 Ubuntu 系统中的桌面单击右键,打开终端,创建 Lanenet 虚拟环境,输入以下命令:

```
conda create -n lanenet python=3.7    #创建 lanenet 虚拟环境,python 版本是 3.7
```

2）激活并进入 LaneNet 虚拟环境,输入以下命令:

```
conda activate lanenet
```

3）进入项目文件夹（具体位置以实际为准）,输入以下命令:

```
cd lanenet-lane-detection-master    #进入到项目文件夹
```

4）安装项目所需 Python 包,输入以下命令:

```
pip install -r requirements.txt -i https://pypi.tuna.tsinghua.edu.cn/simple
```

5）安装 protobuf 包,输入以下命令:

```
pip install protobuf==3.19.0
```

2. 车道线识别测试

1）输入以下命令,对单张图片进行检测:

```
python test_lanenet.py
```

不同阶段的图像处理结果如图2-4-7所示，分别是车道的二值化分割图像（黑色背景白色车道线图）、像素嵌入表示图像（灰色背景对应不同颜色的向量距离图）、车道的实例分割图像（不同车道对应颜色车道线图）、预测结果图像（以点的形式重叠原图车道线图）。

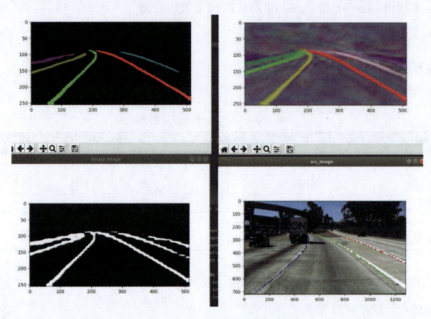

图2-4-7　不同阶段的图像处理结果

2) 对多张图片进行检测（可指定真实数据所在的文件夹），输入以下命令：

```
python tools/evaluate_lanenet_on_tusimple.py --image_path ./data/test_set/clips --save_dir ./data/test_set/test_output
```

其中--image_path为需要检测的图片路径，--save_dir为结果图片保存位置，这两项可以根据需要修改，也可以用来检测真实数据。

检测真实数据时，需要利用我们提供的resize.py将图片分辨率调整为和tusimple数据集一致的1280×720；进入resize.py修改需要调整分辨率的图片文件夹路径与结果保存路径，再在终端运行python resize.py即可。

由于本模型基于TuSimple数据集训练，预测自己拍摄的道路图片时可能效果较差，这个是正常情况。比如，我们用LaneNet对CUlane数据集的图片的数据进行检测时，由于拍摄角度以及镜头畸变的影响，识别效果就不够理想。不过这个问题会在LaneATT算法中得到解决。

三、利用LaneATT算法进行车道线识别测试

1. 环境配置

1) 进入项目文件夹，打开终端，创建LaneATT虚拟环境，输入以下命令：

```
conda create -n laneatt python=3.8
```

利用LaneATT预测culane和tusimple数据集环境配置

指令意义为在 Linux 系统中创建名字为"laneatt"的虚拟环境,python 版本为 3.8。

注意:项目文件夹的位置仅供参考,具体以自己计算机的文件夹位置为准

2)激活 LaneATT 虚拟环境,输入以下命令:

```
conda activate laneatt
```

3)安装 pytorch 和 torchvision,输入以下命令:

```
conda install pytorch==1.6 torchvision -c pytorch
```

4)使用 pip 命令安装依赖 requirements.txt,输入以下命令:

```
pip install -r requirements.txt -i https://pypi.tuna.tsinghua.edu.cn/simple
```

requirements.txt 文件:记录了当前程序的所有依赖包及其精确版本号,其作用是在另一台 PC 上重新构建项目所需要的运行环境依赖。

5)切换当前工作目录至 setup.py 文件所在目录 lib/nms,输入以下命令:

```
cd lib/nms
```

6)使用 setup.py 文件安装 python 安装模块,输入以下命令:

```
python setup.py install
```

7)返回进入此目录之前所在目录,输入以下命令:

```
cd -
```

8)安装 python ujson 模块,输入以下命令:

```
pip install ujson
```

UltraJSON 是一个超快速的 JSON 编码器和解码器。

9)安装低版本的 protobuf(3.20 以及之后的版本可能会导致报错),输入以下命令:

```
pip install protobuf==3.19.0 -i https://pypi.tuna.tsinghua.edu.cn/simple
```

2. 车道线识别测试

运行官方车道线识别样例 demo.py 文件,输入以下命令:

```
python demo.py
```

查看车道线识别效果,如图 2-4-8 所示。

图 2-4-8 车道线识别效果

四、系统复原与 6S 整理清洁工作

1）关闭虚拟机，关闭实训系统计算机和电源。
2）完成 6S 整理清洁工作。

1. 填空题

（1）车道线检测常见的数据集有：＿＿＿＿＿＿＿＿＿＿和＿＿＿＿＿＿＿＿＿＿。

（2）车道线检测是将车道标记识别为＿＿＿＿＿＿＿＿＿＿＿＿的过程，被广泛用于自动驾驶汽车的车道偏离预警、车道保持辅助和自适应巡航控制等。

（3）基于深度学习的图像分割技术主要分为两类：＿＿＿＿＿＿＿＿＿＿和＿＿＿＿＿＿＿＿＿＿。

（4）车道线检测大多采用深度学习的算法实现，为了让算法更好地实现其功能，需要给算法足够多的数据，这些数据被分为＿＿＿＿＿＿＿＿＿＿、＿＿＿＿＿＿＿＿＿＿和＿＿＿＿＿＿＿＿＿＿。在通过训练集和验证集得出最优模型后，＿＿＿＿＿＿＿＿＿＿被用于模型预测，用来衡量该最优模型的性能和分类能力。

2. 简答题

语义分割与实例分割有什么区别？

项目三
认识与应用超声波雷达

倒车的时候,在驾驶室内能听到"嘀嘀嘀"的声音,提醒驾驶人即将碰到障碍物或其他车辆。车辆发出"嘀嘀嘀"提醒声音,是车辆上的超声波雷达在发挥作用。超声波雷达主要应用于自动泊车过程,以及驾驶过程中的短距离感测。本项目包含以下3个任务。

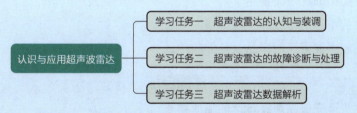

通过以上3个任务的学习,你能够了解超声波雷达的定义和组成、特点、原理、类型和技术参数,熟悉超声波雷达的产品及应用,掌握超声波雷达装配调试、故障诊断、数据解析的方法。

学习任务一
超声波雷达的认知与装调

任务描述

倒车雷达基本都是超声波雷达，超声波雷达帮助驾驶人在倒车或泊车时规避障碍物，使泊车或倒车更容易、更安全。

一位客户考虑到行车安全性，决定安装一套倒车雷达，你的领导安排你将超声波雷达安装到该客户的汽车上，并对其进行调试，保证超声波雷达能够正常工作。你应该如何完成这个任务？

学习目标

知识目标

1. 叙述超声波雷达的定义。
2. 概括超声波雷达的特点、参数和技术要求。
3. 区分不同类型的超声波雷达。
4. 解释超声波雷达的组成和工作原理。
5. 举例说明超声波雷达的产品及具体应用。

技能目标

1. 根据计划规范完成超声波雷达的品质检查。
2. 根据计划规范完成超声波雷达的拆装作业。
3. 根据计划规范完成超声波雷达的调试。

素养目标

1. 严格执行企业装配标准流程。
2. 培养严谨求实的工匠精神，热爱劳动的好品质。
3. 加强学生的质量意识、安全意识、服务意识和环保意识教育。

知识图谱

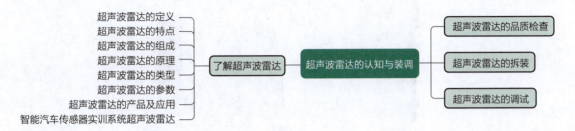

知识准备

一、超声波雷达的定义

1. 声波的分类

声波是声音的传播形式,根据声波频率的不同,分为次声波、可闻声波和超声波,如图3-1-1所示。

1)次声波。次声波是频率小于20 Hz的声波,人耳听不到,但可与人体器官发生共振,7~8Hz的次声波会引起人的恐怖感,引发动作不协调,甚至导致心脏停止跳动。因此,要避免次声波的产生。

2)可闻声波。可闻声波是指频率为20 Hz~20 kHz的声波,是人能够听见的声波。不同频段的可闻声波,会给人带来不同的感觉。例如,人可以听见各种美妙的音乐,这些音乐都是不同频率声波的组合。

3)超声波。超声波是指频率大于20 kHz的声波。人耳听不到超声波,但蝙蝠能发出和听见超声波,并依靠超声波进行捕食。超声波与可闻声波不同,它可以被聚焦,具有能量集中的特点。超声波的指向性好,能量集中,穿透能力强,在遇到两种介质的分界面时,能出现明显的反射和折射现象。超声波的频率越高,其声场指向性越好。

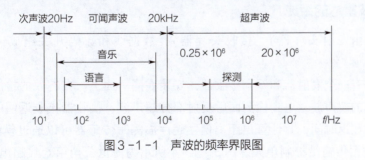

图3-1-1 声波的频率界限图

2. 超声波雷达定义

超声波雷达也称超声波传感器,它是利用超声波的特性研制而成的传感器,是在超声波频率范围内,将交变的电信号转换成声信号,或将外界声场中的声信号转换为电信号的能量转换器件，超声波雷达信号如图 3-1-2 所示。

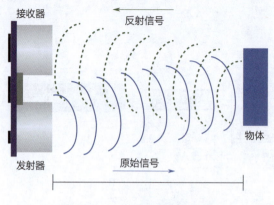

图 3-1-2　超声波雷达信号

二、超声波雷达的特点

超声波雷达的特点见表 3-1-1。

表 3-1-1　超声波雷达的特点

优点	频率都相对固定
	结构简单，体积小，成本低，信息处理简单可靠，易于小型化与集成化，并且可以进行实时控制
	灵敏度较高
	抗环境干扰能力强，对天气变化不敏感
	可在室内、黑暗环境中使用
缺点	适用于低速测距，高速测距有局限性
	只能测量距离，不可以测量方位
	不容易探测到低矮、圆锥形、过细的障碍物或者沟坎
	探测有盲区

三、超声波雷达的组成

超声波雷达由发射头（器）、接收头（器）、数据线和数码开关组成，如图 3-1-3 所示。

超声波雷达有一个发射器和一个接收器，安装在同一面上。在有效的检测距离内，发射器发射特定频率的超声波，遇到检测面后反射部分超声波；接收器接收返回的超声波，由芯片记录超声波的往返时间，并计算出距离值；超声波测距传感器可以通过模拟接口和 IIC 接口两种方式将数据传输给控制单元。图 3-1-4 所示为博世公司第 6 代超声波测距传感器，它将反应时间提高了一倍，能够对近距离物体实现检测，并对突然出现的障碍物（如行人、变化的场景等）进行快速响应。

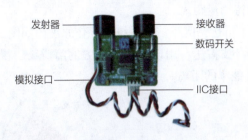
图3-1-3 超声波雷达内部结构

图3-1-4 博世公司第6代超声波测距传感器

超声波雷达在智能网联汽车上的应用主要是倒车辅助系统和自动泊车系统中。图3-1-5所示为超声波雷达及其在车上的安装。车载的超声波雷达一般安装在汽车的保险杠上的某个位置,在车上的外观如图3-1-5中箭头处的圆点所示。

倒车超声波雷达系统主要由超声波传感器、控制器和显示器或蜂鸣器等组成。

超声波传感器主要功能是发出和接收超声波信号,然后将信号输入到主机里面,通过显示设备显示出来。

控制器对超声波信号进行处理,计算出车体与障碍物之间的距离及方位。

当超声波传感器探知汽车与障碍物的距离达到危险距离时,系统会通过显示器或蜂鸣器发出警报,提醒驾驶人。倒车超声波雷达经常与摄像头配合使用,形成倒车影像雷达系统,如图3-1-6所示。

图3-1-5 超声波雷达及其在车上的安装

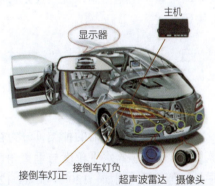
图3-1-6 倒车影像雷达系统

四、超声波雷达的原理

超声波雷达的测距原理如图3-1-7所示。超声波发射器发出的超声波脉冲经空气传到反射物表面,反射后通过空气传到接收器。测出超声波脉冲从发射到接收所需的时间,根据空气中的声速求得从超声波雷达到反射物表面的距离。设超声波雷达到反射物表面的距离为L,超声波在空气中的传播速度为v(约为340m/s),超声波脉冲从发射到接收所需的传播时间为t,当发射器和接收器之间的距离远小于超声波雷达与反射物之间的距离时,则有:

$$L = vt/2$$

因此，只要能测出传播时间，即可求出待测量距离。

超声波雷达在汽车上的典型应用就是倒车雷达，倒车雷达系统的工作原理图如图3-1-8所示，在车的后保险杠或前后保险杠设置超声波雷达，用以侦测前后方的障碍物，帮助驾驶人"看到"前后方的障碍物，或停车时与其他车的距离。

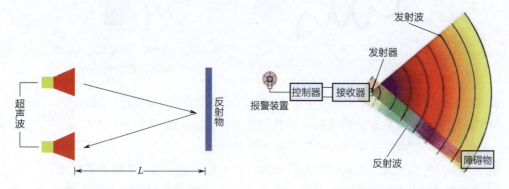

图3-1-7 超声波雷达的测距原理　　　图3-1-8 倒车雷达系统的工作原理

倒车雷达系统是以超声波雷达来侦测出离车最近的障碍物距离，并发出警笛声来警告驾驶人的。警笛声音的控制通常分为两个阶段，当汽车与障碍物的距离达到某一开始侦测的距离时，开始以某一高频的警笛声鸣叫，而当车行至更近的某一距离时，则改为连续的警笛声，来告知驾驶人。倒车雷达系统的优点在于驾驶人可以用听觉获得有关障碍物的信息，或与其他车的距离。倒车雷达系统主要是协助停车的，所以当达到或超过某一车速时，系统功能将会关闭。

五、超声波雷达的类型

一般而言，超声波雷达可以按照传感器类型和用途进行分类。

1. 按照传感器类型分类

按照超声波传感器的种类可分为较传统的等方性传感器以及工艺水平更高的异方性传感器。等方性传感器水平角度与垂直角度相同，例如：120°∶120°；异方性传感器水平角度与垂直角度不同，例如：120°∶60°或120°∶45°。

两种雷达的特点和优劣势对比见表3-1-2。

表3-1-2 等方性与异方性传感器超声波雷达的特点和优劣对比

传感器种类	特点	优点	缺点
等方性传感器	水平探测角与垂直探测角相同	产生的超声波波形稳定	垂直角度过大，容易探测到地面，无法探测较远的距离
异方性传感器	水平探测角与垂直探测角不同	垂直角度小，因而探测距离远，探测范围大	产生的超声波波形不稳定，容易产生误报警的情况

2. 按照用途分类

智能网联汽车上常见的超声波传感器有两种，分别为超声波驻车辅助（Ultrasonic Parking

Assistant，UPA）和自动泊车辅助（Automatic Parking Assistant，APA）。

UPA：频率较高，为58kHz，感测距离较短，范围约为15~250cm，安装在车辆前后保险杠上，用于测量车辆与前后障碍物的距离，一般前后保险杠各装配4个，如图3-1-9所示。

APA：频率较低，为40kHz，但感测距离较长，检测范围为30~500cm，覆盖范围较广，方向性强，传播性能优于UPA，不易受到其他超声波雷达的干扰，用于测量车辆与侧方障碍物的距离，一般车辆左右侧面各安装2个，如图3-1-10所示。

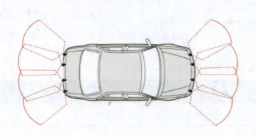

图3-1-9 前后各4个UPA

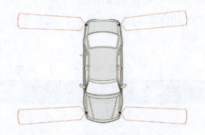

图3-1-10 左右两侧各2个APA

一套倒车雷达系统需要在汽车后保险杠内配备4个UPA超声波雷达，自动泊车系统需要在倒车雷达系统基础上，再增加4个UPA和4个APA超声波雷达，构成前4（UPA）、侧4（APA）、后4（UPA）的布置格局。

六、超声波雷达的参数

超声波雷达的参数见表3-1-3。

表3-1-3 超声波雷达的参数

参数	描述
测量范围	取决于其使用的波长和频率；波长越长，频率越小，检测距离越大
测量精度	测量值与真实值的偏差，受被测物体体积、表面形状、表面材料等影响，测量精度要求在±10cm以内
波束角	以传感器中轴线的延长线为轴线，到一侧能量强度减小一半处的角度，波束角越小，指向性越好
工作频率	影响超声波的扩散、吸收损失、障碍物反射损失和背景噪声，发射频率要求是（40±2）kHz
抗干扰性能	超声波为机械波，使用环境中的噪声会干扰超声波传感器接收物体反射回来的超声波

七、超声波雷达的产品及应用

超声波雷达市场主要由德国博世（BOSCH）、日本村田（Murata）、日本尼赛拉（Nicera）等公司占据，国内的奥迪威公司和同致电子公司具有较高的竞争力。奥迪威是国内领先的超声波传感器生产商，2016年全球车载超声波传感器的市场容量约27400万个，奥迪威的车载超声波传感器占全球乘用车市场份额的9%。奥迪威的第一大客户是中国台湾同致电子公司。中国台湾同致电子公司其核心产品为倒车雷达系统，2016年其市场份额位居亚洲第一。

1. 博世公司超声波雷达产品

超声波雷达分为前装产品和后装产品,市场上出售的超声波雷达基本是后装产品。博世公司的超声波雷达主要用于前装市场。博世公司第6代超声波雷达如图3-1-11所示,图中1代表轴向的超声波雷达;2、3代表径向的超声波雷达。

博世公司的超声波雷达主要技术参数见表3-1-4。

图3-1-11 博世公司第6代超声波雷达
1—轴向超声波雷达 2、3—径向超声波雷达

表3-1-4 博世公司的超声波雷达主要技术参数

项目	参数
最小测量距离	0.15 m
最大测量距离	5.5 m
目标分辨率	3~15 cm
水平视场角	±70°@35dB
垂直视场角	±35°@35 dB
尺寸	44mm×26mm
质量	14g
工作温度	-40~+85℃
电流消耗	7 mA
防护安全等级	IP64k

博世公司的超声波雷达可用于泊车辅助系统、侧边距报警系统和侧向辅助系统。

(1) 博世泊车辅助系统 博世泊车辅助系统如图3-1-12所示,它采用镶嵌在前、后保险杠内的12个超声波雷达实现自动泊车。

(2) 博世侧边距报警系统 基于超声波雷达技术的博世侧边距报警系统如图3-1-13所示,它具有行车辅助功能,侧边距报警系统能够帮助驾驶人在狭窄和复杂的驾驶情况下,有效避免侧面碰撞。

图3-1-12 博世泊车辅助系统

图3-1-13 博世侧边距报警系统

博世侧边距报警系统配置及报警策略如图 3-1-14 所示。

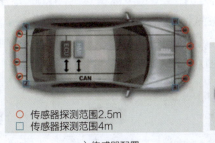

a）传感器配置

b）报警策略

图 3-1-14　博世侧边距报警系统配置及报警策略

（3）博世侧向辅助系统　基于超声波雷达技术的侧向辅助系统（SVA），通过监测汽车两侧视觉盲区的情况为驾驶人提供相关信息，从而帮助驾驶人在变道时避免与相邻车道上其他汽车发生碰撞。盲区是驾驶人的视线和后视镜无法覆盖到的区域，靠近行驶中汽车两侧的后方。盲区会带来一定的危险，特别是在驾驶人变道时。博世侧向辅助系统如图 3-1-15 所示。

博世侧向辅助系统报警策略如图 3-1-16 所示。

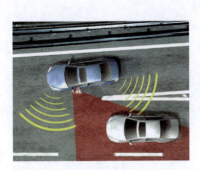

图 3-1-15　博世侧向辅助系统

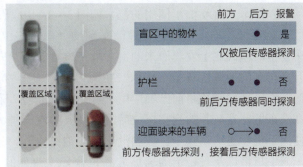

图 3-1-16　博世侧向辅助系统报警策略

2. 超声波雷达应用

超声波雷达在智能网联汽车中有着广泛的应用，主要用于泊车系统。泊车系统可以分为自动泊车、远程遥控泊车、自学习泊车和自动代客泊车。

（1）自动泊车　自动泊车（Auto Parking Asist，APA）是最常见的泊车辅助系统。泊车辅助系统在汽车低速巡航时，使用超声波雷达感知周围环境，帮助驾驶人找到尺寸合适的空车位，并在驾驶人发送泊车指令后，将汽车泊入车位。

自动泊车系统使用的传感器包括安装于汽车前方的 4 个 UPA 超声波雷达、汽车后方的 4 个 UPA 超大声波雷达，以及 4 个安装于汽车两侧的 APA 超声波雷达，自动泊车系统环境感知范围如图 3-1-17 所示。

APA 超声波雷达的探测范围远而窄，常见的 APA 雷达最远测量距离为 5m；UPA 超声波雷达的探测范围近而宽，常见的 UPA 雷达最远测量距离为 3m。不同的探测范围决定了它们不同的分工。

APA 超声波雷达的作用是在汽车低速巡航时，完成空库位的寻找和校验工作。如图 3-1-18 所示，随着汽车低速行驶过空库位，安装在前侧方的 APA 超声波雷达的测量距离有一个先变小，再变大，再变小的过程。一旦汽车控制器探测到这个过程，就可以根据车速等信息得到库位的宽度，以及是否是空库位的信息。后侧方的 APA 在汽车低速巡航时也会探测到类似的信息，可根据这些信息对空库位进行校验，避免误检。

 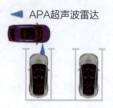 

图 3-1-17　自动泊车系统环境感知范围　　图 3-1-18　APA 超声波雷达检测库位原理

使用 APA 超声波雷达检测到空库位后，汽车控制器会根据自车的尺寸和库位的大小，规划出一条合理的泊车轨迹，控制方向盘、变速器和加速踏板进行自动泊车。在自动泊车过程中，安装在汽车前后的 8 个 UPA 雷达会实时感知环境信息，实时修正泊车轨迹，避免碰撞。

APA 自动泊车辅助需要驾驶人在车内实时监控，以保证泊车顺利完成，属于 SAE L2 级别的自动驾驶技术。自动泊车使用的技术如图 3-1-19 所示。

（2）远程遥控泊车　远程遥控泊车辅助（Remote Parking Asist，RPA）系统是在 APA 自动泊车技术的基础之上发展而来的，车载传感器的配置方案与 APA 类似。它解决了停车后难以打开自车车门的尴尬场景。比如，在两边都停了车的车位，或在比较狭窄的停车房。RPA 远程遥控泊车辅助系统目前已经应用于特斯拉、宝马 7 系、奥迪 A8 等高端车型中。

在汽车低速巡航并找到空车位后，驾驶人将汽车挂入 P 档，然后就可以离开汽车。在车外，使用手机发送泊车指令，控制汽车完成泊车操作。遥控泊车涉及汽车与手机的通信，目前汽车与手机最广泛且稳定的通信方式是蓝牙，蓝牙的传输距离比 4G 短，但蓝牙在任何地方都能做到稳定通信。

RPA 远程遥控泊车辅助系统加入与驾驶人通信的车载蓝牙模块，驾驶人不再需要坐在车内监控泊车过程，在车外观察即可。远程遥控泊车使用的技术如图 3-1-20 所示。

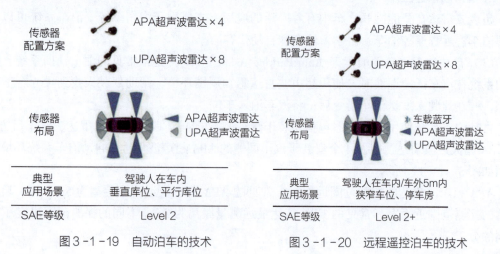

图 3-1-19　自动泊车的技术　　　　　图 3-1-20　远程遥控泊车的技术

（3）自学习泊车　自学习泊车能够学习驾驶人的泊入和泊出操作，并在以后自主完成这个过程。自学习泊车辅助系统的核心技术是即时定位与地图构建（Simultaneous Localization And-Mapping，SLAM）。

驾驶人在准备泊车前，可以在库位不远处，开启"路线学习"功能，随后慢慢将汽车泊入固定车位，系统就会自主学习该段行驶和泊车路线。泊车路线一旦学习成功，汽车便可达到"过目不忘"。完成路线的学习后，在录制时的相同起点下车，用手机蓝牙连接汽车，启动自学习泊车辅助系统，汽车能模仿先前录制的泊车路线，完成自动泊车。

驾驶人除了让汽车学习泊入车库的过程外，还能够让汽车学习自动驶出，并行驶到指定目的地的过程。"聪明"的汽车能够自动出库行驶到驾驶人面前，即使在大雨天也不用害怕冒雨取车。

自学习泊车辅助系统相比于 APA 和 RPA 加入了 360°环视摄像头，而且泊车的控制距离从 5m 扩大到了 50m，有了明显提升。自学习泊车使用的技术如图 3-1-21 所示。

（4）自动代客泊车　最理想的泊车辅助场景应该是，驾驶人把车开到办公楼下后，离开汽车，把找泊车位和泊车的工作交给汽车，汽车完成泊车后，发送位置信息给驾驶人，告知驾驶人汽车停放位置。在驾驶人需要使用汽车时，给汽车发送使用信息，汽车即可远程起动、驶出库位，并行驶到驾驶人设定的接驳点。

自动代客泊车（Automated Valet Parking，AVP）是为了解决日常工作、生活中停车难的痛点，其主要的应用地点通常是办公楼或者大型商场的地上或地下停车场。

相比于前面三种泊车辅助产品，AVP 除了要实现泊入车库的功能外，还需要解决从驾驶人下车点低速（小于 20km/h）行驶至库位旁的问题。基于安全考虑，必须提升汽车远距离感知的能力，前视摄像头成为最优的传感器方案。地上/地下停车场，场景相对单一，高速运动的汽车较少，汽车可保持低速运动，避免突发状况的发生。自动代客泊车使用的技术如图 3-1-22 所示。

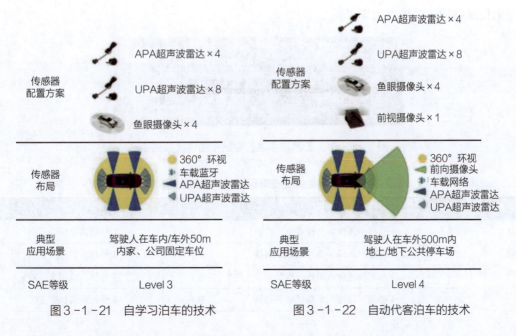

图 3-1-21　自学习泊车的技术　　　　图 3-1-22　自动代客泊车的技术

除了超声波雷达和视觉传感器外，实现AVP还需要引入停车场的高精度地图，再配合SLAM或视觉匹配定位的方法，才能让汽车明确当前位置和泊车位置。除了自行寻找泊车位外，具备AVP功能的汽车还可以配合智能停车场更好地完成自动代客泊车的功能。智能停车场需要在停车场内安装一些必要的基础设施，如摄像头、地锁等。

这些传感器不仅能够获取泊车位是否被占用，还能够知道停车场的道路上是否有车等信息。将这些信息建模后发送给汽车，汽车能规划出一条更为合理的路径，行驶到空车位处。

八、智能汽车传感器实训系统超声波雷达

1. 超声波雷达介绍

智能汽车传感器实训系统采用一款12通道收发一体的工业级超声波传感器，如图3-1-23所示。

12路超声波传感器（探头）同时工作，每秒采样10~20次，采样率高、探测距离远、灵敏度高，尤其适用于移动速度快、实时性高的无人驾驶、机器人避障等场合。利用算法对同频干扰进行处理，在一个空间内多套设备可以一起工作，相互之间基本没有干扰。

它提供RS232和RS485、CAN总线输出方式，采用串口依次输出12个探头各自的探测距离及探头号，各探头测量距离互不影响。它可直接与PC串口或串口设备相连，通过PC上的串口调试可以显示测量距离值。

图3-1-23 超声波雷达模块

超声波雷达控制器如图3-1-24所示，它共有13个接口，左侧12个端子，每个端子有2个引脚接口，分别是S-和S+，用于连接各超声波探头，右侧1个端子是通信接口，有4个引脚接口，从左到右顺序编号是1-4，对应接口定义见表3-1-5与表3-1-6，使用时只需把传感器插入接插件内即可。

图3-1-24 超声波雷达控制器接插件接口实物图

表3-1-5 超声波雷达控制器接插件接口及定义（左侧）

端子	接口	定义	接口	定义
1	S-	1号超声波探头负极或电源搭铁	S+	1号超声波探头正极
2	S-	2号超声波探头负极或电源搭铁	S+	2号超声波探头正极
3	S-	3号超声波探头负极或电源搭铁	S+	3号超声波探头正极
4	S-	4号超声波探头负极或电源搭铁	S+	4号超声波探头正极

(续)

端子	接口	定义	接口	定义
5	S−	5 号超声波探头负极或电源搭铁	S+	5 号超声波探头正极
6	S−	6 号超声波探头负极或电源搭铁	S+	6 号超声波探头正极
7	S−	7 号超声波探头负极或电源搭铁	S+	7 号超声波探头正极
8	S−	8 号超声波探头负极或电源搭铁	S+	8 号超声波探头正极
9	S−	9 号超声波探头负极或电源搭铁	S+	9 号超声波探头正极
10	S−	10 号超声波探头负极或电源搭铁	S+	10 号超声波探头正极
11	S−	11 号超声波探头负极或电源搭铁	S+	11 号超声波探头正极
12	S−	12 号超声波探头负极或电源搭铁	S+	12 号超声波探头正极

表 3−1−6　超声波雷达控制器接插件接口及定义（右侧）

接口	接线颜色	定义
1	红色	电源 +12V 输入
2	蓝色	电源负极和 RS232 及 485 搭铁（RS232 及 485 通信时必须接该脚）
3	绿色	CAN−L 或者 PCW（RS232 通信接口 TXD）或者 485
4	黄色	CAN−H 或者 PCR（RS232 通信接口 RXD）或者 485B

使用 CAN 通信时按图 3−1−25 所示连接 1（12V）、2（GND）、3（CAN−L）、4（CAN−H）这 4 根线。同时需要将图示中两个"232/485/CAN 通信选择拨动开关"全部拨到 CAN 档（PCB 板上标明了 232/485/CAN 位置，出厂时已经设定好）。

注意： 需把超声波雷达控制器盒子的侧面板拆除，取出电路板，才能看到拨动开关，如需更换通信类型，需拆卸侧面板 4 个边角上的螺钉，取出电路板后进行拨动操作。

2. CANalyst−Ⅱ 分析仪介绍

超声波雷达控制器与上位机软件通过 CANalyst−Ⅱ 分析仪进行通信，CANalyst−Ⅱ 分析仪外观如图 3−1−26 所示。对应接口介绍见表 3−1−7。

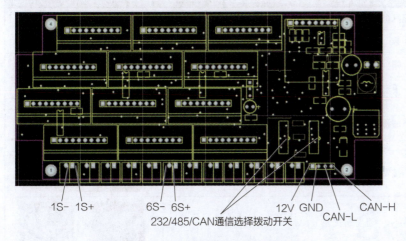

图 3−1−25　超声波雷达接线原理图

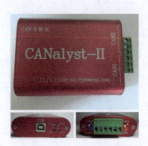

图 3−1−26　CANalyst−Ⅱ 分析仪产品外观

表 3-1-7　CANalyst-Ⅱ分析仪对应接口

名称		描述
CAN1	R1	终端电阻 R1。向下拨到 ON 状态，则内部 120Ω 电阻会被接入总线
	R2	终端电阻 R2。与 R1 并联，作用相同。每通道内置两个电阻
	H	CAN-H 信号
	S	屏蔽线接口，若通信线为屏蔽线可接屏蔽层，否则可搭铁或不搭铁
	L	CAN-L 信号
CAN2	R1	终端电阻 R1。向下拨到 ON 状态，则内部 120Ω 电阻会被接入总线
	R2	终端电阻 R2。与 R1 并联，作用相同。每通道内置两个电阻
	H	CAN-H 信号
	G	信号搭铁接口，内部直连信号参考搭铁
	L	CAN-L 信号
指示灯	PWR	电源指示灯
	SYS	系统状态指示，正常情况为常灭状态。总线出现错误时，灯亮
	CAN1	CAN1 通道指示灯（收发数据时闪烁）
	CAN2	CAN2 通道指示灯（收发数据时闪烁）

项目实施

一、实施准备

1. 工具设备准备

工具设备准备见表 3-1-8。

表 3-1-8　工具设备准备

分类	名称	数量	图例
实训设备	智能汽车传感器实训系统	1 个	—
防护用品	工作服	1 套	—
	安全帽	1 个	—
	工作手套	1 双	—
工具、设备	超声波雷达	8 个	
	超声波雷达控制器	1 个	
	CANalyst-Ⅱ分析仪	1 套	

(续)

分类	名称	数量	图例
工具、设备	直流可调电源	1套	
	螺钉旋具套装	1套	—
辅助材料	绝缘垫	1张	—
	无纺布	1张	—

2. 工具、设备检查

（1）超声波雷达和控制器的外观及针脚检查　检查超声波雷达和控制器外观结构是否完整，表面有无脏污、破损、划痕、裂纹、凹痕和凸点等问题；检查连接线束插接口针脚有无损坏，变形或生锈等缺陷。

（2）超声波雷达品质检查

1）将超声波雷达线束端子插接到超声波雷达控制器对应的接口，将电源线束和CAN通信线束端子插接到右边接口，如图3-1-27所示。

2）将超声波雷达控制器的CAN-H和CAN-L线束分别连接到CAN分析仪的CAN通道的H和L，并把CAN通道对应电阻拨码开关向下拨到ON位置，如图3-1-28所示。

图3-1-27　连接线束

图3-1-28　连接CAN-H和CAN-L线束

3）调节直流电源电压值为12V，将超声波雷达控制器的12V和GND线束连接到电源的正极和负极，如图3-1-29所示。

4）将CAN分析仪的USB线连接到计算机主机，在计算机主机桌面打开超声波雷达测试软件，若测试软件开始显示实时超声波雷达测距数据，说明超声波雷达正常。若没有显示，则说明超声波雷达损坏。

图3-1-29　连接电源线束

二、超声波雷达的安装

1）关闭实训平台总电源。

2）将超声波雷达端接插件与线束端接插件对插好后，将线束穿过安装孔，

如图 3-1-30 所示。

3）按压传感器外围塑胶件，将传感器垂直卡入安装孔。注意：箭头标签或"up"字朝上，如图 3-1-31 所示。

图 3-1-30 对接超声波雷达线束　　　　　　图 3-1-31 将传感器垂直卡入安装孔

4）检查探头外围边缘与安装孔间隙是否均匀，如有间隙，则需再次按压至无间隙，如图 3-1-32 所示。

5）将超声波雷达探头线束端子插接到超声波雷达控制器对应的接口，将电源和 CAN 通信线束端子插接到右边接口，如图 3-1-33 所示。

图 3-1-32 检查探头外围边缘与安装孔的间隙　　　图 3-1-33 连接探头线束

三、超声波雷达调试

1）接通应用实训台的 220V 电源，开启应用实训台的电源开关，开启应用实训台的计算机。

超声波雷达的调试

2）在计算机桌面双击打开超声波雷达测试软件"Ultrasonic radar-232.exe"，如图 3-1-34 所示。

超声波雷达正常工作时测试软件界面如图 3-1-35 所示。

如图 3-1-35 所示，界面左边显示超声波雷达的状态，绿色状态为正常，同时会显示与障碍物的距离，单位为厘米（cm）；如果是红色，表示对应的超声波雷达可能出现短路、断路等故障。界面右边显示车辆图及相应的超声波雷达检测到的距离及对应的状态，超声波雷达状态见表 3-1-9。

 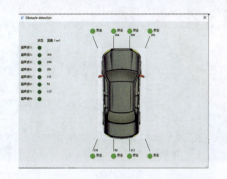

图 3-1-34 超声波雷达测试软件　　图 3-1-35 超声波雷达正常工作界面

表 3-1-9 超声波雷达状态表

与障碍物的距离	颜色状态	是否显示距离/cm	提示情况
小于 30cm	红色	是	危险提示，会发出急促声音警报
30~40cm	橙色	是	慢行提示，会发出较急促声音警报
40~50cm	黄色	是	警戒提示，会发出声音警报
大于 50cm	绿色	是	提示安全，不发声
没有检测到障碍物	绿色	否	无提示

四、超声波雷达的拆卸

1) 关闭超声波雷达测试软件、计算机及台架电源。
2) 先断开超声波雷达线束，再使用合适的工具拆卸超声波雷达。

五、整理、清洁

完成 6S 整理、清洁工作。

复习题

1. 单选题

(1) 声波不包括（　　）。
　　A. 次声波　　　　B. 可闻声波　　　　C. 超声波　　　　D. 极声波
(2) 超声波雷达的测量距离取决于其波长和（　　）。
　　A. 波束角　　　　B. 频率　　　　C. 测量精度　　　　D. 视场角

2. 判断题

(1) 超声波是指频率为 20 Hz~20 kHz 的声波。　　　　　　　　　　　　（　　）
(2) 超声波雷达抗环境干扰能力强，对天气变化不敏感。　　　　　　　（　　）
(3) 超声波雷达可以测量距离和方位。　　　　　　　　　　　　　　　（　　）
(4) 驻车辅助超声波雷达（UPA）测量距离一般为 0.3~5 m。　　　　　（　　）

3. 简答题

请简述超声波雷达的特点。

学习任务二
超声波雷达的故障诊断与处理

任务描述

一位客户挂入倒档,在车辆进入倒车状态下,发现倒车雷达系统不工作,蜂鸣器无任何声响,显示器也无任何显示,你的领导安排你分析超声波雷达的控制原理,结合超声波雷达常见故障及原因,对倒车雷达系统进行故障检测排除,你应该如何完成这个任务?

学习目标

知识目标

1. 能叙述超声波雷达的常见故障并分析故障原因。
2. 能总结超声波雷达故障检诊的方法,并制定故障诊断流程。

技能目标

能独立完成超声波雷达的故障诊断与处理。

素养目标

1. 培养严谨求实的工匠精神,热爱劳动的好品质。
2. 培养学生解决问题的能力。
3. 引导学生从解决问题中体验成功和失败,从而正确面对人生中的成功与失败。

知识图谱

一、超声波雷达控制原理

智能汽车超声波雷达实训系统控制电路原理如图3-2-1所示。系统上电后超声波雷达自动进入工作状态,在控制器的控制下,由超声波雷达探头发送超声波,遇到障碍物产生回波信号,传感器接收到回波信号后,经控制器进行数据处理,从而计算出车体与障碍物之间的距离,判断出障碍物的位置并发出警报声来提醒最近的障碍物距离及位置。

超声波雷达测试端口及定义如图3-2-2所示,其中超声波雷达控制器通过CAN总线与测试软件进行通信。测试孔1和测试孔3为输出端,测试孔2和测试孔4为输入端,它们可用于测试超声波雷达控制器的信号发送情况,以及检查测试软件获得CAN信号的情况。

对于电源测试孔,靠近超声波雷达控制器的测量孔为输出端,可用于测量超声波雷达控制器是否有电压;远离超声波雷达控制器的测试孔为输入端,可用于测量系统电源是否能正常供电。

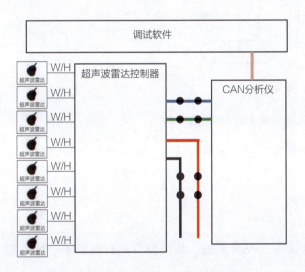

图3-2-1 超声波雷达实训系统控制电路

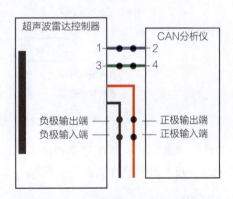

图3-2-2 超声波雷达测试端口及定义
1—CAN-L信号输入端 2—CAN-L信号输出端 3—CAN-H信号输入端
4—CAN-H信号输入端

二、超声波雷达的常见故障类型

超声波雷达常见故障类型如图3-2-3所示。

智能汽车传感器实训系统超声波雷达常见故障主要有不工作和误报两种情况,故障原因主要来自四个方面,超声波雷达本身故障、线束故障、超声波控制器故障以及其他故障。

1. 超声波雷达不工作

故障现象:超声波雷达不工作,蜂鸣器无提示声音。

故障原因：可能原因如图3-2-4所示。

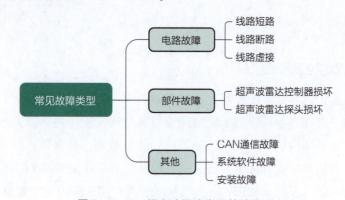

图3-2-3　超声波雷达常见故障类型

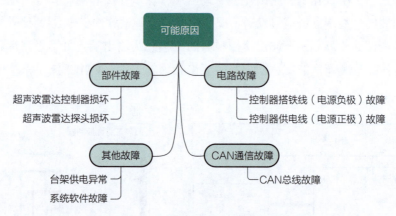

图3-2-4　超声波雷达不工作原因

故障诊断流程：依次检查台架供电、超声波雷达接插件与线束、超声波雷达控制器供电和接地、超声波雷达探头是否正常。

2. 超声波雷达误报警

故障现象：超声波雷达误报警。

故障原因：超声波雷达安装问题；超声波探头粘有异物；超声波雷达自身损坏；超声波雷达控制器故障。

故障诊断流程：依次检查超声波雷达安装、超声波雷达探头、超声波雷达控制和是否正常。

项目实施

一、实施准备

1. 工具设备准备

工具设备准备见表3-2-1。

表 3-2-1　工具设备准备

分类	名称	数量	图例
实训设备	智能汽车传感器实训系统	1套	—
防护用品	工作服	1套	
	安全帽	1个	
	工作手套	1双	
工具、设备	示波器	1套	
	数字式万用表	1套	
辅助材料	绝缘垫	1张	
	无纺布	1张	

2. 工具检查

（1）检查数字式万用表　打开数字式万用表，检查电量是否足够；将档位调至蜂鸣档，短接红黑表笔，检查数字式万用表是否正常。

（2）检查与校准示波器

1）连接示波器电源，打开示波器电源开关按钮。

2）将超声波雷达探头的 BNC 端连接示波器通道 1（CH1）的 BNC，探针连接到"探头补偿信号连接片"上，将探头的搭铁鳄鱼夹与探头补偿信号连接片下面的"搭铁端"相连，如图 3-2-5 所示。

3）按 AUTO（自动设置）键，显示屏上应出现方波，如图 3-2-6 所示。如实际显示的方波形状与图不相符，则需要进行"探头补偿"。

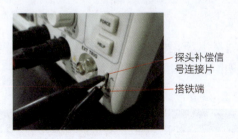

图 3-2-5　超声波雷达探头补偿信号连接片和搭铁端的连接　　图 3-2-6　方波波形

4）将超声波雷达探头探针与示波器的"探头补偿信号连接片"相连，搭铁夹与探头补偿连接片的"搭铁端"相连，打开 CH1 通道，然后按 AUTO 按键，观察显示的波形，可能出现的探头补偿波形如图 3-2-7 所示。

图3-2-7 探头补偿波形

5）如果显示波形呈图3-2-7中"补偿不足"或"补偿过度"的状态，用非金属手柄的调笔调整探头BNC端上的可变电容（图3-2-8），直到波形呈方波。

二、故障诊断流程

本任务主要集中讲述线路故障和通信故障检诊。在进行故障诊断之前先设置故障（这一步由老师来操作）。

1. 故障现象确认

在实训系统计算机打开超声波雷达测试软件，超声波雷达不工作，状态为红色，提示"超声波模块集线器错误"，如图3-2-9所示。

图3-2-8 调整探头可变电容

超声波雷达的故障诊断与处理

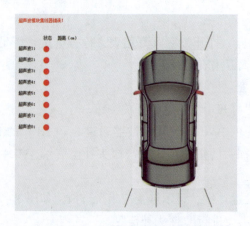

图3-2-9 超声波雷达故障现象

2. 电源故障检诊

将数字式万用表调至直流电压档，通过测量电源正极输入端与负极输出端之间的电压、电源正极输出端与负极输入端之间的电压，找出故障原因，见表3-2-2。

表3-2-2 超声波雷达电源故障原因分析

序号	红表笔	黑表笔	电压	故障原因
1	正极输入端	负极输出端	供电电压	电源正极断路
	正极输出端	负极输入端	0V	
2	正极输入端	负极输出端	0V	电源负极断路
	正极输出端	负极输入端	供电电压	

3. 通信故障检诊

打开示波器电源开关,将两个示波器探头分别与 CH1 通道和 CH2 通道连接。先使用一根连接线的一端与搭铁连接,另一端与两个搭铁鳄鱼夹相连,两个探头探针分别与信号测试孔连接,如图 3-2-10 所示。

打开示波器 CH1 通道和 CH2 通道,将示波器调整到适当量程,超声波雷达正常工作时 1号、2 号、3 号、4 号端子的正常波形如图 3-2-11 所示。观察波形,找出故障原因,具体故障原因对应的测量结果见表 3-2-3。

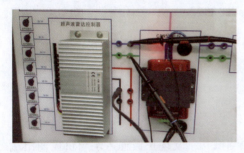

图 3-2-10 探头连接

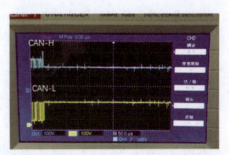

图 3-2-11 正常波形

表 3-2-3 故障原因对应的测量结果

波形描述	故障原因	测试软件现象
1、2 端都为锯齿波,且波形相反,3、4 端为正常波形 CAN-L CAN-H	CAN-L 断路	超声波雷达状态异常,不能检测障碍物
3、4 端都为锯齿波,且波形相反,1、2 端为正常波形 CAN-L CAN-H	CAN-H 断路	超声波雷达状态异常,不能检测障碍物
1、2 端波形为直线(0V),3、4 端出现矩形波(从 0V 开始)	CAN-L 对搭铁短路	超声波雷达状态正常,且能正常检测障碍物
1、2、3、4 端波形为直线	CAN-H 对搭铁短路	超声波雷达状态异常,不能检测障碍物

4. 故障消除与确认

故障消除：正确找到故障原因后，报告老师并由老师清除故障。

消除故障确认：通过超声波雷达测试软件"Ultrasonic radar-232.exe"检查超声波雷达是否还存在故障。应该无故障现象：软件界面显示超声波探测到的与障碍物的距离，显示的与障碍物的距离随着障碍物的远近变化而改变，蜂鸣器发出提示声。

三、系统复原与6S整理清洁工作

1）关闭超声波雷达测试软件"Ultrasonic radar-232.exe"，关闭实训系统计算机和电源。
2）完成6S整理清洁工作。

复习题

1. 单选题

测试人员使用万用表测试超声波雷达的电源测试孔，发现正极输入端与负极输出端之间的电压为12V，正极输出端与负极输入端之间的电压为0V，那么可以判断故障原因为（　　）。

A. 电源负极断路　　　　　　　B. 电源正极断路
C. 电源负极虚接　　　　　　　D. 电源正、负极同时断路

2. 判断题

测试人员使用示波器测试超声波雷达通信测试孔，发现CAN-L的输入、输出测试孔的波形出现异常，且两个波形相反，那么可能是CAN-L信号线断路了。（　　）

3. 简答题

超声波雷达常见的故障类型有哪些？

学习任务三
超声波雷达数据解析

任务描述

CAN 报文解析是技术人员处理智能汽车故障的常用方法。CAN 报文解析的基本过程：将设备准备齐全，获得通信协议和报文原文，翻译报文，针对故障现象，得出初步处理建议。

一位客户在车辆行驶过程中发现倒车雷达出现误报的情况，停车和倒车时都出现。你的领导安排你获取并解析超声波雷达 CAN 报文原文，对比分析超声波雷达测距数据与实际数据的偏差值，给出初步处理建议，你应该如何完成这个任务？

学习目标

知识目标

1. 能叙述 CAN 报文的基础知识。
2. 能解释超声波雷达的通信协议。

技能目标

1. 能够正确使用工具获取 CAN 报文。
2. 能够正确解析超声波雷达数据。

素养目标

1. 严格执行企业 6S 管理制度。
2. 培养严谨求实的工匠精神，热爱劳动的好品质。
3. 帮助学生树立健康积极向上的学习心态，提高自己对未来生活和学习问题的解决能力。
4. 引导学生形成社会主义核心价值观。

知识图谱

知识准备

一、CAN 报文

智能汽车传感器实训系统超声波雷达通过 CAN 总线与上位机进行数据传输，解析超声波雷达数据相当于解析 CAN 报文。图 3-3-1 所示为使用 USB_CAN TOOL 软件获取到的超声波雷达 CAN 报文。

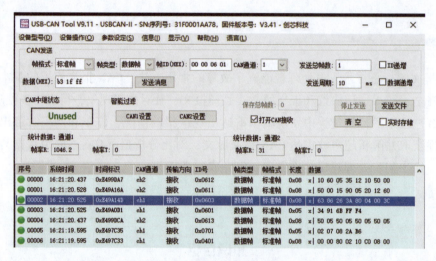

图 3-3-1 超声波雷达 CAN 报文

1. CAN 报文定义

CAN 报文是指发送单元向接收单元传送数据的帧。通常所说的 CAN 报文是指在 CAN 线上利用 ECU 和 CAN 卡接收到的十六进制报文。

2. CAN 报文的组成

CAN 有四种不同的报文类型：数据帧、远程帧、错误帧和过载帧。通常接收到的 CAN 报文由很多部分组成（图 3-3-2），解析报文时用到的主要是帧 ID 和数据段两部分。

图 3-3-2 CAN 报文组成

（1）帧 ID 的组成　接收到的十六进制的 ID 实际上是由 29 位标识符转换而来。目前，大多数的通信协议都直接给出了相应的帧 ID，不需要换算。

帧 ID 主要用作 CAN 总线的仲裁使用，所以一般来说网络上的每个节点（向总线上发送）的 ID 应该有所不同。ID 值越低，报文优先级越高，当两组不同 ID 的报文同时上线时，仲裁机制使得 ID 值低的报文占用总线，ID 值高的报文退出。

（2）数据段的组成　数据段一般由 1~8 个字节（byte）组成，用来代表通信协议中相应的含义。每个字节有 2 个字符，分为高 4 位和低 4 位。有的数据需要相邻的 2 个字节组合才能表示，因此需要分为高字节和低字节。

二、超声波雷达通信协议

获取超声波雷达 CAN 报文之后，需要根据具体的通信协议解析，然后分析解析出的数据是否正确。

智能汽车传感器实训系统超声波雷达 CAN 通信采用标准数据帧，传输波特率为 500kbit/s，终端（主设备）ID 为 0×0601，超声波雷达 1~4 号探头非终端（从设备）ID 为 0×0611，5~8 号探头非终端（从设备）ID 为 0×0612，9~12 号探头非终端（从设备）ID 为 0×0613。超声波模块给终端发送的报文见表 3-3-1。

表 3-3-1　超声波模块发送的报文及含义

帧格式	含义
数据区 0~8 个字节	当超声波发送的 ID 为 0×0611 时（发送 1~4 号探头数据），每路探头数据为 2 位十进制 BCD 码（先高字节，后低字节，长度单位为 mm）
	当超声波发送的 ID 为 0×0612 时（发送 5~8 号探头数据），每路探头数据为 2 位十进制 BCD 码（先高字节，后低字节，长度单位为 mm）
	当超声波发送的 ID 为 0×0613 时（发送 9~12 号探头数据），每路探头数据为 2 位十进制 BCD 码（先高字节，后低字节，长度单位为 mm）

注意： 当探头未接或者探头线断路时，恒定输出 5005mm；当探头探测不到物体时，恒定输出 5000mm。

范例：

1）当超声波发送的 ID 为 0×0611，发送报文数据为：15 50 25 00 30 00 40 00 时

表示：1 号探头数据为 1550mm，2 号探头数据为 2500mm，3 号探头数据为 3000mm，4 号探头数据为 4000mm。

2）当超声波发送的 ID 为 0×0612，发送报文数据为：15 50 25 00 30 00 40 00 时

表示：5 号探头数据为 1550mm，6 号探头数据为 2500mm，7 号探头数据为 3000mm，8 号探头数据为 4000mm。

3）当超声波发送的 ID 为 0×0613，发送报文数据为：15 50 25 00 30 00 40 00 时

表示：9 号探头数据为 1550mm，10 号探头数据为 2500mm，11 号探头数据为 3000mm，12 号探头数据为 4000mm。

项目实施

一、实施准备

工具设备准备

工具设备准备见表 3-3-2。

表 3-3-2 工具设备准备

分类	名称	数量	图例
实训设备	智能汽车传感器实训系统	1 套	—
防护用品	工作服	1 套	—
	安全帽	1 个	—
	工作手套	1 双	—
辅助材料	无纺布	1 张	—

二、实施步骤

1. 获取超声波雷达 CAN 报文

1）打开台架电源，在台架计算机桌面找到 USB_CAN TOOL 软件，双击打开 USB_CAN TOOL 软件，如图 3-3-3 所示。

图 3-3-3 USB_CAN TOOL 软件

2）在 USB_CAN TOOL 界面菜单栏选择"设备操作"下拉菜单的"启动设备"，如图 3-3-4 所示。程序将自动查找并打开 USB_CAN 适配器，在弹出的界面窗口单击"确定"，如图 3-3-5 所示。

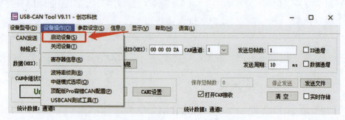

图 3-3-4 启动设备

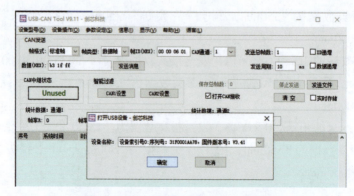

图 3-3-5 打开 USB_CAN 适配器

3）在参数确认窗口中选择 CAN 通道号，通道 1 与通道 2 皆可，波特率选择"500k bps"，单击"确定"按钮，如图 3-3-6 所示。

4）获取的超声波雷达 CAN 报文，如图 3-3-7 所示，CAN 报文帧 ID 包括 0×0611（1~4 号探头数据）和 0×0612（5~8 号探头数据）。

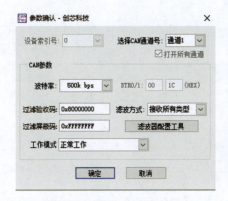

图 3-3-6　确认参数

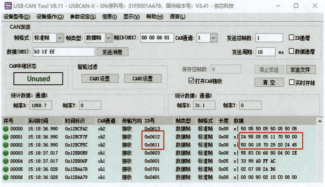

图 3-3-7　超声波雷达 CAN 报文

2. 解析超声波雷达 CAN 报文

1）ID 为 0×0611 的报文数据为：50 00 18 70 29 20 24 45

表示：1 号探头数据为 5000mm，探测不到物体；2 号探头数据为 1870mm；3 号探头数据为 2920mm；4 号探头数据为 2445mm。

2）ID 为 0×0612 的报文数据为：24 55 06 06 11 70 50 00

表示：5 号探头数据为 2455mm；6 号探头数据为 0505mm；7 号探头数据为 1170mm；8 号探头数据为 5000mm，探测不到物体。

复习题

1. 单选题

（1）CAN 报文是指在 CAN 线上利用 ECU 和 CAN 卡接收到的（　　）报文。

　　A. 二进制　　　　B. 八进制　　　　C. 十进制　　　　D. 十六进制

（2）通常接收到的 CAN 报文由很多部分组成，解析报文时用到的主要是（　　）和数据两部分。

　　A. 帧 ID　　　　B. 帧类型　　　　C. 帧格式　　　　D. 长度

2. 判断题

当超声波探头未接或者探头线断路时，恒定输出 5000mm。　　　　　　　　　（　　）

3. 简答题

超声波雷达通信协议是什么？

 智能网联汽车感知系统装调与故障诊断

项目四
认识与应用毫米波雷达

毫米波雷达可以说是最早应用于量产自动驾驶汽车的传感器。1999年,奔驰220系列S级轿车上搭载的Distronic(DTR)雷达控制系统,可以在车速40~160km/h的范围内控制本车和前车的距离,实现了基本的自适应巡航(ACC)功能。本项目包含以下5个任务。

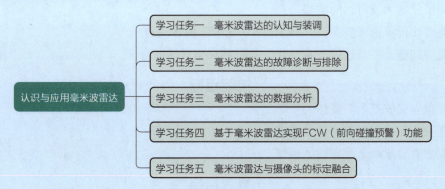

通过以上5个任务的学习,你能够了解毫米波雷达的组成、类型、特点、技术参数以及4D毫米波雷达等,掌握毫米波雷达拆装调试、诊断、数据解析,以及毫米波雷达与摄像头标定融合的方法。此外,你还能够了解基于毫米波雷达实现FCW前向碰撞预警模拟功能的开发任务的脚本框架,完成前向碰撞预警功能(模拟功能)的开发。

学习任务一
毫米波雷达的认知与装调

任务描述

　　自动驾驶系统中毫米波雷达是常见的传感器配置之一,它具有穿透力强(不受烟、雾、灰尘影响)、可全天候使用、性能稳定等特点。在车载应用中,毫米波雷达可以弥补激光雷达、摄像头等其他传感器在某些使用场景中的不足。

　　一位客户为了提高汽车的自动驾驶性能,决定购买你们公司的毫米波雷达,这时你的领导安排你将毫米波雷达安装到该客户的汽车上,并对其进行调试,保证毫米波雷达能够正常工作。你应该如何完成这个任务?

学习目标

知识目标

1. 能阐述毫米波雷达的概念和组成。
2. 能总结毫米波雷达的特点。
3. 能区分毫米波雷达的类型。
4. 能对比传统毫米波雷达,归纳出 4D 毫米波雷达的特点。
5. 能辨别毫米波雷达的技术参数,并举例说明具体的含义。

技能目标

1. 能独立完成毫米波雷达的安装。
2. 能独立完成毫米波雷达的调试。
3. 能独立完成毫米波雷达的拆卸。

素养目标

1. 严格执行企业装配标准流程。
2. 严格执行企业 6S 管理制度。
3. 培养严谨求实的工匠精神,热爱劳动的好品质。
4. 根据产业现状引导学生树立正确的职业观。

项目四　认识与应用毫米波雷达

知识图谱

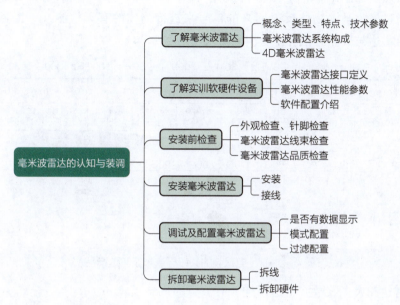

知识准备

一、毫米波雷达的概念

1. 毫米波（Millimeter wave）

微波频段是通信和雷达使用的主要频段，微波是电磁波中的一种，对应的频段是300MHz～300GHz，波长为1mm～1m（不含），它是分米波、厘米波、毫米波的统称。因此毫米波是微波的一个子频段。毫米波具体波长为1～10mm，对应的频段是30～300 GHz。

毫米波的特性见表4-1-1。

表4-1-1　毫米波的特性

序号	特性
1	基本沿直线传播，与光的特性类似
2	对于较小的反射面（物体）也能较好反射
3	可调制的带宽非常大
4	传播损耗很大
5	室内多径效应明显
6	具有一定的绕射能力
7	受天气影响小。与激光相比，毫米波传播受气候的影响要小得多，在雨、雪、大雾等恶劣天气依然可以正常工作。可以认为具有全天候特性

093

2. 毫米波雷达

毫米波雷达是工作在毫米波频段的雷达,如图 4-1-1 所示。毫米波雷达由天线发射毫米波信号,通过接收被测物体反射回来的信号来进行物体的有无检测(判断回波的有无),并可以计算出雷达与目标的相对速度、距离以及角度。

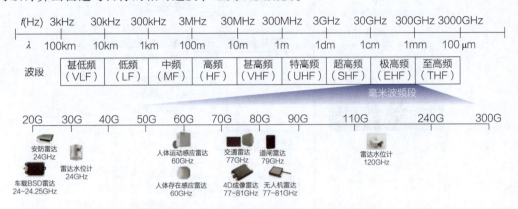

图 4-1-1 电磁波的频段与毫米波雷达产品

毫米波雷达和大多数微波雷达一样,有波束的概念,发射出去的电磁波是一个锥状的波束,如图 4-1-2 所示,这是因为这个波段的天线,主要以电磁辐射为主。

图 4-1-2 毫米波雷达发出的锥状波束

二、毫米波雷达的类型

目前,毫米波雷达有三种主流分类方式。毫米波雷达类型主要按工作频段、探测距离和工作原理来分类。

1. 按频段分类

目前世界各国为车载毫米波雷达分配的频段各有不同,主要有 24GHz、60GHz(日本)、77GHz、79GHz 这几个频段。其中 24GHz 和 77GHz 这两种毫米波雷达较为常见,两者之间的对比见表 4-1-2。当然 24GHz 很特别,它严格来讲不是毫米波,因为它的波长在 1cm 左右。但是它是最早被利用的,虽然从波长上看属于厘米波雷达,但业界普遍将它归类为毫米波雷达。

表 4-1-2 24GHz 和 77GHz 毫米波雷达的对比

类型	探测范围	体积	距离分辨率	速度分辨率	安装位置	主要应用
24GHz 毫米波雷达	中短距离(60m 以内)、探测角度大	大	低	低	车辆前部和后部两侧	侧向探测,称为角雷达
77GHz 毫米波雷达	长距离(100~250m)、探测距离远	小	高	高	车辆的格栅和前保险杠上	前向探测,称为中长距离雷达

24GHz 毫米波雷达可实现的 ADAS 功能包括:盲区监测、开门预警、变道辅助、后方车辆预警、前向碰撞预警、车道偏移报警等。

77GHz 毫米波雷达可实现的 ADAS 功能包括:主动制动、自适应巡航、前向碰撞预警和控制等。

77GHz 毫米波雷达由于其较小的体积更容易实现单芯片的集成，77GHz 毫米波雷达具备更高的识别精度、更高的信噪比以及更强的穿透能力等。

2. 按探测距离分类

毫米波雷达按探测距离可分为近距离（SRR）、中距离（MRR）和远距离（LRR）毫米波雷达，见表 4-1-3。为了满足不同距离范围的探测需要，一辆汽车上会安装多个短距离、中距离和长距离毫米波雷达。其中 24GHz 雷达主要实现近距离探测，77GHz 雷达系统可以实现中距离和远距离探测。

表 4-1-3 不同类型车载毫米波雷达的应用场景

毫米波雷达类型		近距离毫米波雷达（SRR）	中距离毫米波雷达（MRR）	远距离毫米波雷达（LRR）
工作频段/GHz		24	77	77
探测距离/m		小于 60	100 左右	大于 200
功能	自适应巡航控制系统		（前方）	（前方）
	前向碰撞预警和控制系统		（前方）	（前方）
	主动紧急制动系统		（前方）	（前方）
	盲区监测系统	（侧方）	（侧方）	
	自动泊车辅助系统	（前方）（后方）		
	变道辅助系统	（后方）	（后方）	
	后碰撞预警系统	（后方）	（后方）	
	行人检测系统	（前方）	（前方）	
	驻车开门辅助系统	（侧方）		

3. 按工作原理分类

毫米波雷达可以实现目标物体的距离、速度和方位的测量。

（1）测距 毫米波雷达测距的方法有两种：基于飞行时间（Time of Flight，TOF）原理测距和基于调频连续波（Frequency Modulated Continuous Wave，FMCW）原理测距。

1）基于 TOF 原理测距。通过发射脉冲信号与接收脉冲信号之间的时间差来计算目标距离，如图 4-1-3 所示。

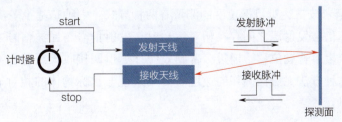

图 4-1-3 TOF 测距原理

2）基于 FMCW 原理测距。调频连续波是毫米波雷达利用高频电路产生的特定调制频率的电磁波。调频信号的频率和信号的持续时间 T_c 呈线性关系，因此这样的调频连续波又称为线性调频连续波（LFMCW），如图 4-1-4 所示，调频连续波有几个主要的参数需要注意，分别是带宽 B，斜率 S，信号持续时间 T_c。图 4-1-4 中的信号斜率 $S = B/T_c = 100 \text{MHz}/\mu s$。

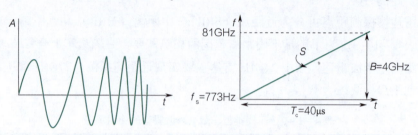

图 4-1-4　调频连续波

基于 FMCW 原理测距是通过比较任意时刻回波信号频率，与此时刻发射信号频率之差的方法来得到目标距离信息的，如图 4-1-5 所示。

X 轴为时间轴，Y 轴为频率轴。其中 TX chirp 表示发射出去的脉冲。RX chirp 表示接收到的脉冲。T_c 表示调制周期；$S\tau$ 表示差频（接收波形与发射波形的偏移）；τ 表示发射信号与接收信号的时间间隔；IF signal 表示差值信号。在探测多个物体时，距离和中频信号是成映射关系的。IF 值越大，物体距毫米波雷达越远。

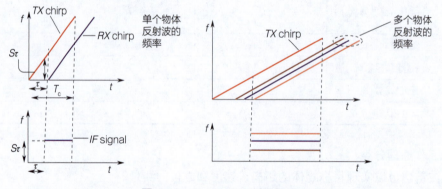

图 4-1-5　FMCW 测距原理

毫米波雷达在汽车应用中作用距离较远，且在检测近距离物体时不太灵敏，回波和发射波间隔较短，简单的发射脉冲方式不太适合，当需要检测近距离物体时，一般使用 FMCW 的方式测距。

（2）测速　毫米波雷达对目标速度的测量有两种方式：一种是基于多普勒（Doppler）原理，当目标与雷达信号发射源之间存在相对运动时，发射信号与回波信号之间除存在时间差外，频率上还会产生多普勒位移。通过多普勒效应计算返回接收天线的雷达波频率的变化来实现测速。但是这种方法无法探测切向速度。简单来说，目标物体的相对速度正比于频率的变化量，公式如下：

$$v = \frac{f_d \lambda}{2} = \frac{(f_R - f_T)\lambda}{2}$$

式中 v——目标移动速度;

f_d——多普勒频率;

f_R——目标回波的频率;

f_T——发射信号的频率。

第二种方法就是通过跟踪位置进行微分得到速度。

多普勒效应是波源和观察者有相对运动时,观察者接收到的波的频率与波源发出的频率并不相同的现象。波源与目标接近使得接收和反射的频率变高,而波源远离目标使得接收和反射的频率变低,如图4-1-6所示。

(3) 测方位角 毫米波雷达的发射天线发射出毫米波后,遇到目标物体,反射回来,再通过并列的接收天线(至少需要两组接收天线),接收到同一目标物体反射回来的毫米波之间的相位差,计算得到方位角,如图4-1-7所示,其中 d 为毫米波雷达接收天线 RX1 和接收天线 RX2 之间的几何距离,b 为两根毫米波雷达天线所接收到的反射回波的相位差。然后,通过三角函数计算得到方位角 β(目标物体的方位角)的值。

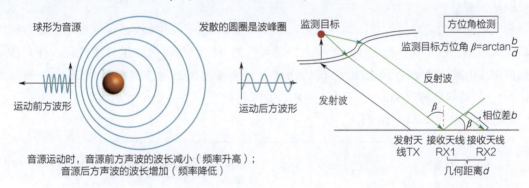

图4-1-6 多普勒效应　　图4-1-7 调频式毫米波雷达测方位角原理

三、毫米波雷达系统的构成

对于汽车应用来说,毫米波雷达系统组成包括天线、射频组件、信号处理模块及控制电路等部件,如图4-1-8所示。其中天线和射频组件是核心的硬件部分。

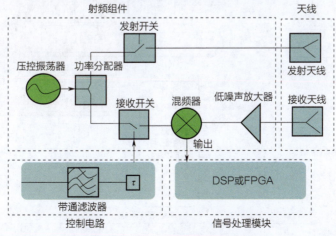

图4-1-8 毫米波雷达系统组成

1. 天线

天线是毫米波发射和接收的重要部件。因为毫米波的波长只有毫米级的长度,所以毫米波雷达的天线可以很小,从而可以使用多根天线来构成阵列天线,以达到获得窄波束的目的。随着收发天线个数的增多,这个波束可以很窄很窄。另外,由于波长很短,毫米波可以使用微带贴片天线,在PCB板上的ground层上铺几个开路的微带线,就能当成天线。当然,由于毫米波的频率很高,一般需要使用高频板材。

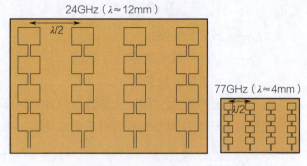

图4-1-9 24GHz与77GHz面积对比图

汽车雷达所使用的频段正在从24GHz过渡到77GHz。波长短了三倍以上,因此天线阵列面积可以小九倍以上,如图4-1-9所示。

2. 射频组件

射频组件负责毫米波信号调制、发射、接收以及回波信号的解调,车载雷达要求射频组件具有体积小、成本低、稳定性好等特点,最可行的方法就是将射频组件集成化,即采用单片微波集成电路(MMIC)。MMIC集成的功能电路主要包括低噪声放大器(LNA)、混频器(Mixer)、压控振荡器(VCO)、开关、MMIC收发前端等,甚至整个发射/接收(T/R)组件(收发系统),如图4-1-10所示。

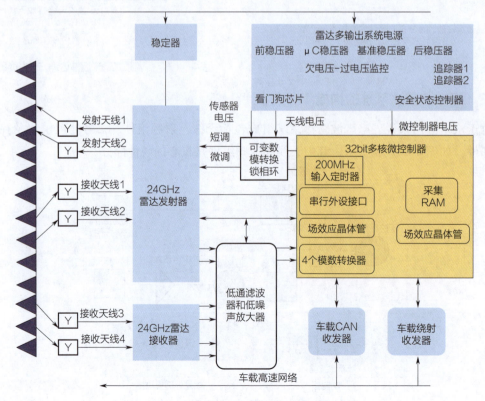

图4-1-10 MMIC结构示意图

在 MMIC 出现之前，相关电路设计难度非常大，所以博世（Bosch）、德尔福（Delphi）等几家大公司垄断了小型民用毫米波雷达的市场，价格也非常昂贵，一个车用毫米波雷达的价格达几万元人民币。但是，MMIC 的出现迅速降低了设计门槛、生产成本，也使得新型的创业公司大量挤入这个市场。

3. 信号处理模块

信号处理是毫米波雷达稳定性、可靠性的核心。信号处理模块通过嵌入不同的信号处理算法，提取从前端采集得到的中频信号，获得特定类型的目标信息。涉及的算法主要包括：阵列天线波速形成和扫描算法、信号预调理、杂波处理算法、目标检测/测量的算法、目标分类与跟踪算法，以及信息融合算法。

信号处理可以通过 DSP 芯片或 FPGA 芯片来实现。DSP 芯片指能够实现数字信号处理技术的专用集成电路。DSP 芯片是一种快速强大的微处理器，独特之处在于它能即时处理资料。DSP 芯片的内部采用程序和数据分开的哈佛结构，具有专门的硬件乘法器，可以用来快速实现各种数字信号处理算法。FPGA 即现场可编程门阵列，它是作为专用集成电路（ASIC）领域中的一种半定制电路而出现的，既解决了定制电路的不足，又克服了原有可编程器件门电路数有限的缺点。DSP 芯片和 FPGA 芯片分别在复杂算法处理和大数据底层算法上具备优势，因此"DSP + FPGA"融合将逐渐成为主流的应用方案。

4. 控制电路

控制电路是毫米波雷达系统实现汽车主动安全功能控制执行的最后一环，信号处理模块获得目标信息的同时，再结合车身动态信息进行数据融合，最终进行智能处理，对车辆前方出现的障碍物进行分析判断，并迅速做出处理和发出指令，及时传输给报警显示系统和制动执行系统。

四、毫米波雷达的特点

毫米波雷达的优点：探测距离远、响应速度快、可进行多目标跟踪、可全天时、全天候工作等。

毫米波雷达虽然具有上述优点而广泛应用于自动驾驶辅助系统，但它也存在一定的缺点和局限性，具体如下。

1. 对物体识别度差

毫米波雷达只能测量距离、速度以及方位角等信息，对障碍物细节识别程度不高，无法进行图像颜色识别。

2. 容易被电磁干扰

很多汽车喜欢安装测速雷达或一些通信天线，其本身也都会发射电磁波，因此很容易导致毫米波雷达的误判。

3. 性价比低

毫米波雷达性能相较于其他传感器并不出众，其成本也较高。

五、4D 毫米波雷达

随着高级别自动驾驶的快速发展,市场对传感器的感知能力要求不断提高。传统毫米波雷达存在一定的短板,为适应新的要求,毫米波雷达迎来了一轮升级换代,4D 成像毫米波雷达应运而生。

4D 是指距离、速度、水平角度和垂直高度。相比于传统毫米波雷达二维水平坐标信息(距离、方位角)及相对速度,4D 毫米波雷达增加了纵向天线及处理器,可实现对物体高度的探测,提供更高密度、高分辨率的点云信息。

4D 毫米波雷达的优点见表 4-1-4。

表 4-1-4　4D 毫米波雷达的优点

序号	优点	描述
1	分辨率高	4D 毫米波雷达通过高倍数虚拟 MIMO 等方式,可实现更高密度的点云成像,可探测到轮胎碎片等较小目标,降低漏报、误报率。例如,大陆集团的 ARS 540 的水平分辨率达 1°,是传统毫米波雷达的 5 倍
2	探测范围广	4D 毫米波雷达通过算法、多芯片级联等方式,能在维持高视场角的同时,实现更远探测距离
3	高度信息感知	4D 毫米波雷达具备纵向高度感知能力,可解析静态障碍物的轮廓等信息并进行分类,能更加有效地避免"误制动"和"漏制动"

六、毫米波雷达的技术参数

毫米波雷达的选用主要根据其具体参数来选择,这些参数主要包括最大探测距离、视场角、测量分辨率、测量精度和最大探测目标数。

1. 最大探测距离

指毫米波雷达所探测目标的最大距离。

2. 视场角(扇形角度)

即毫米波雷达扫描扇形角度,它通常是和探测距离成反比例的,探测距离越远,角度越小。很多毫米波雷达探测范围是固定的,而有些高端雷达则可以根据具体的场景需求,设置很多不同的探测距离和相关角度。

3. 测量分辨率

测量分辨率是区分两个或更多目标的能力。测量分辨率包括距离分辨率、速度分辨率和角度分辨率。

1)距离分辨率。在许多应用中,重要的是能够将相距较近的两个目标解析为两个独立的对象,而不是将它们误检为一个目标。允许它们被检测为单独对象的两个目标之间的最小距离称为距离分辨率。比如,当雷达的距离分辨率为 4m 时,它就不能区分相距 1m 的行人和汽车。距离分辨率主要取决于毫米波雷达可以提供的线性调频扫描带宽。扫描带宽越大,距离分辨率越高。

2）速度分辨率。它是指毫米波雷达可以分辨处于同一距离以不同速度移动的多个物体的能力。速度分辨率主要取决于传输帧的持续时间。

3）角度分辨率。它是指毫米波雷达在空间上分辨两个物体的最小角度。角度分辨率与可用接收器天线的数量成正比。天线数量越多，角度分辨率越高。

4. 测量精度

指测量单个目标时，目标的测量值与真实值的差值。测量精度包括距离精度、速度精度和角度精度。

1）距离精度。指测量单个目标时，目标距离的测量值与真实值的差值。例如，某品牌毫米波雷达测距精度为 ±5cm，意思是测距偏差在 ±5cm 以内。同理，如果目标实际距离为 32cm，雷达的测量结果是 30cm，则误差为 2cm。但是，不能认为毫米波雷达的距离精度是 2cm，只能认为这一误差在测距精度 ±5cm 的范围内。

2）速度精度。它指测量单个目标时，目标速度的测量值与真实值的差值。

3）角度精度。它指测量单个目标时，目标角度的测量值与真实值的差值。

5. 最大探测目标数

指毫米波雷达在探测过程中可同时探测目标的最大数目，一般为 24～32 个。

七、实训硬件设备介绍

本项目选用的是 EMRR_HV_3 毫米波雷达，毫米波雷达接口定义见表 4-1-5。

表 4-1-5　易来达毫米波雷达端口插头定义

雷达端口插头 8 管脚定义	管脚	符号	颜色	功能
	1	VBAT	红	+9～+36V 直流电源
	2	GND	黑	搭铁
	3	CAN0 L	黄	保留
	4	CAN0 H	绿	保留
	5	CAN1 L	蓝	雷达数据接口
	6	CAN1 H	橙	
	7	HSD OUT1	白	高边驱动输出口 1
	8	HSD OUT2	褐	高边驱动输出口 2

八、实训软件设备介绍

软件配置介绍

（1）模式配置　可以配置毫米波雷达的输出类型（原始目标、跟踪目标）。

（2）过滤配置　通过配置，可以对毫米波雷达探测到的原始目标和跟踪目标进行过滤。过滤模式可配置为通过式或拦截式，两种过滤模式介绍见表 4-1-6。

表 4-1-6 过滤模式介绍

通过式过滤	拦截式过滤
目标的被过滤参数落在设置的区间内时，可以被输出	目标的被过滤参数落在设置的区间内时，不输出

1) 可以过滤的参数包括：距离、速度、幅度、角度、X 坐标、Y 坐标等。
2) 多条过滤条件可以过滤同一种参数（目标数过滤除外）。
3) 可以多种过滤条件组合使用。
4) 雷达最多可以同时设置 32 条过滤条件。

毫米波雷达内部的过滤处理流程如图 4-1-11 所示。

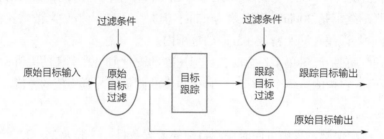

图 4-1-11 过滤处理流程

不同的过滤条件，有些只能过滤原始目标，有些只能过滤跟踪目标，有些二者都可以过滤。两种目标具体支持的过滤参数见表 4-1-7。

表 4-1-7 原始目标与跟踪目标具体支持的过滤参数

过滤参数	原始目标	跟踪目标	描述
num_of_object	√	√	按发送目标数过滤，最小值默认为 0
range	√	√	按径向距离过滤
azimuth	√	√	按水平角度过滤
range_rate_oncome	√	√	按靠近速度的绝对值过滤
range_rate_depart	√	√	按远离速度的绝对值过滤
rcs	√	√	按 rcs 的绝对值过滤
snr	√	√	按信噪比过滤
X	×	√	按 X 坐标过滤
Y	×	√	按 Y 坐标过滤
vy_oncome	×	√	对靠近的目标按 vy 绝对值过滤，保留所有远离目标
vy_depart	×	√	对远离的目标按 vy 绝对值过滤，保留所有靠近目标
vx_right2left	×	√	对从右到左运动的目标，按 vx 绝对值过滤，保留所有从左到右的目标
vx_left2right	×	√	对从左到右运动的目标，按 vy 绝对值过滤，保留所有从右到左的目标

项目实施

一、实施准备

1. 工具设备准备

工具设备准备见表4-1-8。

表4-1-8 工具设备准备

分类	名称	数量	图例
实训设备	智能汽车传感器实训系统	1套	—
防护用品	工作服	1套	—
	安全帽	1个	—
	工作手套	1双	—
工具、设备	毫米波雷达（含毫米波线束）	1套	
	CANalyst-Ⅱ分析仪（含USB线）	1套	—
	直流可调电源	1套	
	螺钉旋具套装	1套	—
辅助材料	绝缘垫	1张	—
	无纺布	1张	—

2. 工具及设备检查

1）毫米波雷达的外观检查及针脚检查。

2）毫米波雷达线束检查。使用数字式万用表电阻档测量毫米波线束每根线之间的电阻值，正常电阻值应在0.1~2Ω之间，如果电阻值很大或超出显示范围，则表明该导线有故障或断开，需要考虑更换导线，如图4-1-12所示。

工具及设备检查

3）毫米波雷达品质检查。

①硬件连接图如图4-1-13所示，给端子1和端子2提供12V电压，把CAN0-H和CAN0-L分别连接到CAN分析仪的CAN1通道的H和L。

②使用示波器测量波形。通道1测量探头连接CAN0-H线，通道2测量探头连接CAN0-L线，注意要共搭铁，如图4-1-14所

图4-1-12 线束电阻值

示。正常波形是连续的，两个通道的信号相对的矩形波如图4－1－15所示。

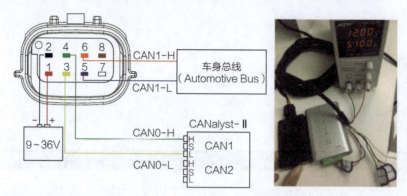

图4－1－13　硬件连接图

图4－1－14　示波器探头连接测量信号

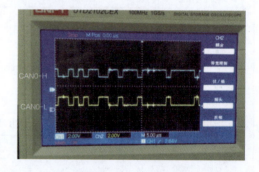

图4－1－15　矩形波

毫米波雷达的拆装

二、毫米波雷达的安装

1）安装毫米波雷达。使用合适工具在实训系统上安装毫米波雷达，如图4－1－16所示。

2）将毫米波线束端口连接到雷达端口插头，如图4－1－17所示，再使用螺钉旋具分别将毫米波线束的CAN0－H、CAN0－L连接到CANalyst－Ⅱ分析仪CAN1通道的H接口、L接口中，如图4－1－18所示。

图4－1－16　安装毫米波雷达

图4－1－17　毫米波线束端口连接到雷达端口插头

图4－1－18　CAN0－H和CAN0－L信号线连接

3) 把 CANalyst-Ⅱ分析仪的 USB 接口连接到实训系统的计算机 USB 接口上。

三、毫米波雷达的调试及配置

1. 调试

1) 接通实训系统电源，开启实训系统电源开关。

2) 打开实训系统计算机，双击打开"毫米波雷达测试软件"，如图 4-1-19 所示。

3) 单击"打开 CAN"，如图 4-1-20 所示，查看软件界面是否有数据显示，如图 4-1-21 所示。

图 4-1-19　毫米波雷达测试软件图标

图 4-1-20　单击"打开 CAN"

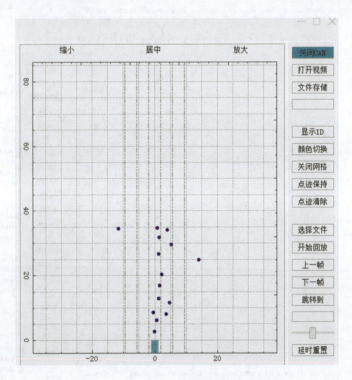

图 4-1-21　毫米波雷达正常运行的界面

2. 配置

（1）模式配置　分别配置毫米波雷达的输出类型为原始目标和跟踪目标，查看软件界面显示的目标点是否会随着输出类型的变化而变化。且软件左侧的目标信息的参数类型也会随之变化（原始目标和跟踪目标的参数类型不同），两种目标对应的界面显示如图 4-1-22 和图 4-1-23 所示。

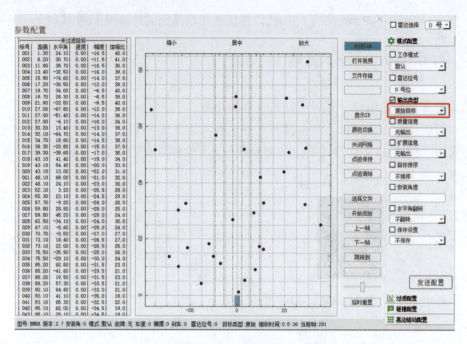

图4-1-22 原始目标对应的界面显示

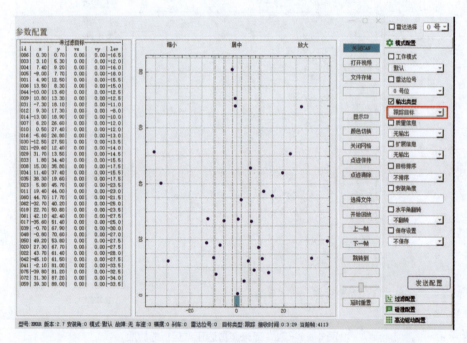

图4-1-23 跟踪目标对应的界面显示

（2）过滤配置　保留距离毫米波雷达20~60m范围内的目标（过滤的模式、参数和范围并非固定，可根据所需而定）。具体的配置如图4-1-24所示。查看界面的显示是否符合过滤条件。需要注意的是，如果需要进行多次过滤，在第二次过滤之前，要对上一次过滤的条件进行清除，即过滤清除项中选择"清除所有"。

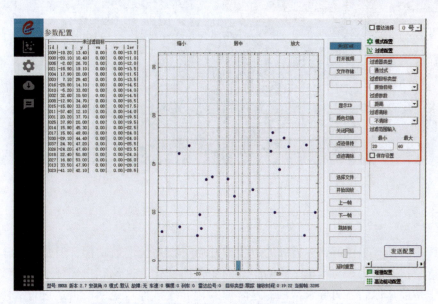

图 4-1-24 过滤配置

四、毫米波雷达的拆卸

1）关闭软件、计算机及实训系统电源。

2）先断开毫米波线束和 CANalyst-Ⅱ分析仪的 USB 接口，再使用合适的工具拆卸毫米波雷达。

五、整理清洁

完成 6S 整理清洁工作。

复习题

1. 单选题

（1）测量分辨率包括（　　）。
　　A. 距离分辨率　　　　B. 速度分辨率　　　　C. 角度分辨率　　　　D. 纬度分辨率

（2）毫米波雷达的毫米波波长在（　　）波段。
　　A. 1~5mm　　　　　B. 1~10mm　　　　　C. 1~15mm　　　　　D. 1~20mm

2. 判断题

（1）毫米波雷达是 ADAS 辅助驾驶功能的核心部件。（　　）

（2）毫米波雷达只能测量距离信息。（　　）

（3）毫米波雷达测试软件的输出类型包括原始目标和跟踪目标。（　　）

（4）X 坐标方向上的过滤条件，可以过滤原始目标。（　　）

3. 简答题

毫米波雷达的类型有哪些？

学习任务二
毫米波雷达的故障诊断与排除

任务描述

一位客户驾驶汽车在道路上行驶的过程中开启了自适应巡航功能，但是发现车速不会因为前车的行驶状态和前车与本车之间的距离的变化而变化。这位客户怀疑是毫米波雷达出现了故障，于是前往你们公司寻求帮助。这时你的领导安排你对毫米波雷达进行故障诊断，排查原因并排除故障，保证毫米波雷达能够正常工作。你应该如何完成这个任务？

学习目标

知识目标

1. 能列举毫米波雷达的常见故障及原因。
2. 能归纳毫米波雷达故障检诊的方法及流程。

技能目标

1. 能独立完成毫米波雷达的故障诊断。
2. 能独立完成毫米波雷达的故障检测与故障机理分析。

素养目标

1. 培养严谨求实的工匠精神，热爱劳动的好品质。
2. 提升学生的爱国情怀和学习动力，为汽车技术革新贡献自己的力量。
3. 引导学生自主探索，敢于质疑，培养发现问题和解决问题的能力。

知识图谱

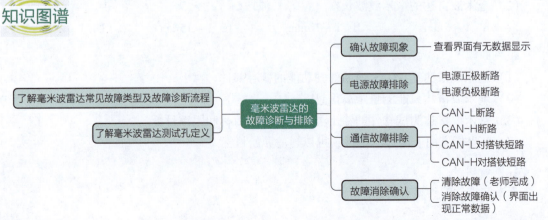

知识准备

一、毫米波雷达常见故障类型

毫米波雷达常见的故障可分为线路故障、部件故障和其他故障三类,如图4-2-1所示,其中线路故障主要指相关线束电路故障;通信故障是指毫米波雷达与显示系统总线通信故障;系统故障是指软件系统问题。

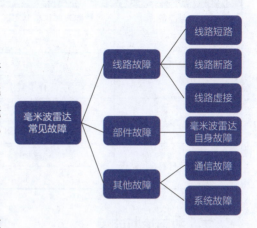

图4-2-1 毫米波雷达常见故障类型

二、毫米波雷达常见故障诊断流程

实训系统上的毫米波雷达出现故障时,依次检查台架供电、毫米波雷达接插件和线束、毫米波雷达供电线、毫米波雷达通信、毫米波雷达本体是否正常。本课程是在实训系统供电、毫米波雷达插接器及相关线束连接,以及毫米波雷达自身都正常的情况下,再进行故障排除,因此在故障排除过程中只需考虑电源故障和通信故障。

三、毫米波雷达测试孔

毫米波雷达测试孔分为电源测试孔和通信测试孔,测试孔的位置与说明如图4-2-2所示。

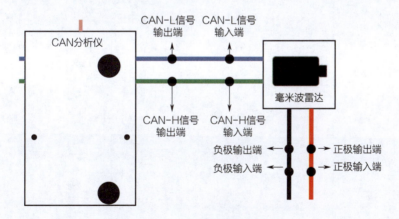

图4-2-2 毫米波雷达测试孔

项目实施

一、实施准备

工具设备准备

工具设备准备见表4-2-1。

表 4-2-1　工具设备准备

分类	名称	数量	图例
实训设备	智能汽车传感器实训系统	1 套	—
防护用品	工作服	1 套	—
防护用品	安全帽	1 个	—
防护用品	工作手套	1 双	—
工具、设备	示波器	1 套	—
工具、设备	数字式万用表	1 套	—
辅助材料	绝缘垫	1 张	—
辅助材料	无纺布	1 张	—

二、故障诊断流程

1. 确认故障现象

1）接通实训系统电源，开启实训系统电源开关。

2）打开"毫米波雷达测试软件"，单击"打开 CAN"，查看界面有无数据显示，如图 4-2-3 所示，确认故障现象。

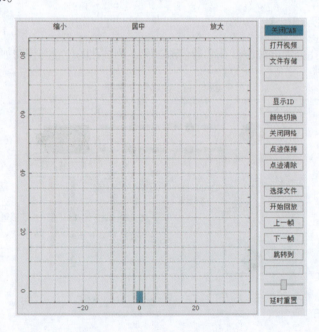

图 4-2-3　界面无数据显示

毫米波雷达电源故障排除

2. 电源故障排除

将数字式万用表调至直流电压档，通过测量电源正极输入端与负极输出端之间的电压及电源正极输出端与负极输入端之间的电压，对照表 4-2-2 找出故障原因。

表4-2-2 毫米波雷达电源故障原因分析

序号	红表笔	黑表笔	电压	故障原因
1	正极输入端	负极输出端	供电电压（12V）	电源正极断路
1	正极输出端	负极输入端	0V	电源正极断路
2	正极输入端	负极输出端	0V	电源负极断路
2	正极输出端	负极输入端	供电电压（12V）	电源负极断路

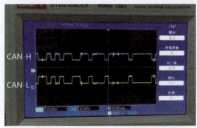

图4-2-4 正常波形

3. 通信故障排除

打开示波器电源开关，将两个示波器探头分别与CH1通道和CH2通道连接。先使用一根连接线的一端与搭铁连接，另一端与两个搭铁鳄鱼夹相连，两个探头探针分别与信号测试孔连接。打开示波器CH1通道和CH2通道，再将示波器调整到适当量程，观察波形，正常波形如图4-2-4所示，如果出现异常波形，对照表4-2-3找出故障原因。

毫米波雷达通信故障检诊

表4-2-3 毫米波雷达通信故障原因分析

波形描述	故障原因	上位机现象	波形图
1、2端都为锯齿波，且波形相反，3、4端为正常波形	CAN-L断路	毫米波雷达不能检测障碍物	
3、4端都为锯齿波，且波形相反，1、2端为正常波形	CAN-H断路	毫米波雷达不能检测障碍物	
1、2端波形为直线（0V），3、4端出现矩形波（从0V开始）	CAN-L对搭铁短路	毫米波雷达能正常检测障碍物	
1、2、3、4端波形为直线（0V）	CAN-H对搭铁短路	毫米波雷达不能检测障碍物	

4. 故障消除确认

1)学生正确找到故障原因后,由老师清除故障。

2)消除故障确认。打开"毫米波雷达测试软件",单击"打开 CAN",若界面有数据,说明故障已清除。

三、系统复原与 6S 整理清洁工作

1)关闭毫米波雷达测试软件,关闭实训系统计算机和电源。

2)完成 6S 整理清洁工作。

复习题

1. 单选题

测试人员使用万用表测试实训系统故障板的电源测试孔,发现正极输入端与负极输出端之间的电压为 0V,正极输出端与负极输入端之间的电压为 12V,那么可以判断故障原因为( )。

A. 电源负极断路　　　　　　B. 电源正极断路

C. 电源负极虚接　　　　　　D. 电源正、负极同时断路

2. 判断题

(1)测试人员使用示波器测试实训系统故障板的通信测试孔,发现 CAN-H 的输入、输出测试孔的波形出现异常,且两个波形相反,那么可能是 CAN-H 信号线断路了。( )

(2)如果毫米波雷达的 CAN-L 信号出现短路的情况,那么毫米波雷达就无法检测障碍物了。( )

3. 简答题

(1)毫米波雷达常见的故障类型有哪些?

(2)简述一下对实训系统上的毫米波雷达进行故障排除的常见流程。

学习任务三
毫米波雷达的数据分析

任务描述

你们公司新研发一款毫米波雷达,你的领导安排你对这款产品进行一个简单的性能测试,使用 CAN 工具来分析毫米波雷达的数据,预估毫米波雷达探测数据与实际数据的偏差值是否在允许的偏差范围内。你应该如何完成这个任务?

学习目标

知识目标

1. 能阅读毫米波雷达的产品手册获得通信协议。
2. 能根据毫米波雷达的跟踪目标列表的消息结构,找出数据解释的方法。
3. 能归纳 USB_CAN TOOL 的使用步骤。

技能目标

能独立完成毫米波雷达的数据分析。

素养目标

1. 培养严谨求实的工匠精神,热爱劳动的好品质。
2. 传递"坚持独立思考"的思想,提高学生研究问题、分析问题和解决问题能力。
3. 提升学生践行社会主义核心价值观的自觉意识。

知识图谱

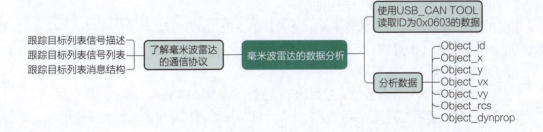

知识准备

毫米波雷达的通信协议

毫米波雷达 CAN 接口消息分为输出消息和输入消息,输入消息均使用偶数 ID,输出消息均使用奇数 ID。

本节任务主要解析毫米波雷达输出的跟踪目标列表。

1. 跟踪目标列表(0x0603)信号描述

跟踪目标列表的信号参数及描述见表 4-3-1。

表 4-3-1 跟踪目标列表(0×0603)信号描述

信号参数	含义	描述
Object_id	目标 ID	—
Object_x	目标 X 坐标	目标在 X 方向上的坐标。其中,在 X 轴左边表示为负;在 X 轴右边表示为正
Object_y	目标 Y 坐标	目标在 Y 方向上的坐标。只检测毫米波雷达前方的目标点,因此 Y 坐标为正
Object_vx	目标 X 方向速度	目标在 X 方向上的速度。其中,目标向左移动表示为负;向右移动表示为正
Object_vy	目标 Y 方向速度	目标在 Y 方向上的速度。其中,目标靠近我方车辆表示为负;目标远离我方车辆表示为正
Object_rcs	目标 RCS	雷达截面积(Radar Cross Section, RCS)是目标在雷达接收方向上反射雷达信号能力的度量,一个目标的 RCS 等于单位立体角目标在雷达接收天线方向上反射的功率(每单独立体角)与入射到目标处的功率密度(每平方米)之比
Object_dynprop	目标运动属性	0:未知 1:静止 2:低速运动 3:高速运动(v>3m/s)

2. 跟踪目标列表(0x0603)信号列表

跟踪目标列表的信号列表见表 4-3-2。其中,*Bitpos* 为偏移量(二进制),*Factor* 为系数,*Offset* 为偏移值(十进制)。

信号参数的计算公式如下:

$$信号参数数值 = 数据的 10 进制(DEC) \times Factor + Offset$$

计算完成后,可通过对照表 4-3-2 查看计算结果是否在对应参数的数值范围内。

表 4-3-2 跟踪目标列表 (0×0603) 信号列表

	Name	Type	Bitpos	Length	Factor	Offset	Minimum	Maximum	Unit
1	Object_id	Unsigned	0	8	1	0	0	255	—
2	Object_x	Unsigned	20	12	0.1	-204.8	-204.8	204.7	m
3	Object_y	Unsigned	24	12	0.1	0	0	409.5	—
4	Object_vx	Unsigned	45	11	0.1	-102.4	-102.4	102.3	—
5	Object_vy	Unsigned	48	11	0.1	-102.4	-102.4	102.3	m/s
6	Object_rcs	Unsigned	56	8	0.5	-64	-64	63.5	dBsm
7	Object_dynprop	Unsigned	43	2	1	0	0	3	—

3. 跟踪目标列表 (0×0603) 消息结构

跟踪目标列表消息结构如图 4-3-1 所示。结合消息结构图和信号列表，可以更好地解析毫米波雷达数据。以目标 ID 为例，它的偏移量为 0，所以它的起始位为第 0 字节的第 0 位，又因为它的数据长度为 8，因此目标 ID 占据了第 0 字节的 8 位。

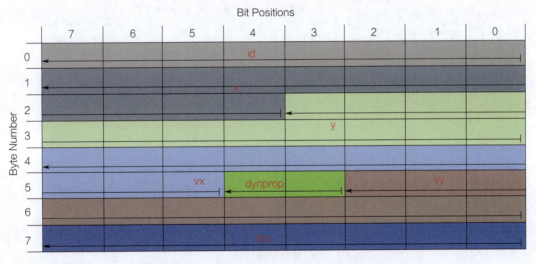

图 4-3-1 跟踪目标列表 (0×0603) 消息结构

项目实施

一、实施准备

工具设备准备

工具设备准备见表 4-3-3。

表4-3-3 工具设备准备

分类	名称	数量	图例
实训设备	智能汽车传感器实训系统	1套	—
防护用品	工作服	1套	—
	安全帽	1个	—
	工作手套	1双	—
辅助材料	无纺布	1张	—

二、毫米波雷达的数据分析

1）打开USB_CAN TOOL工具，软件图标如图4-3-2所示。

毫米波雷达的数据分析

图4-3-2 USB_CAN TOOL 软件图标

2）在工具界面左上角的"设备操作"中选择"启动设备"。弹出弹窗后，单击"确定"即可，如图4-3-3所示。

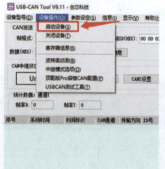 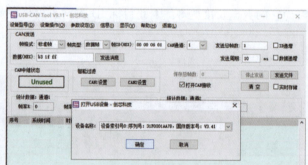

图4-3-3 启动设备

3）选择一个CAN通道号，通道1与通道2皆可，波特率选择500kbit/s，单击"确定"，如图4-3-4所示。

4）读取并解析毫米波雷达ID号为0×0603的数据信息（通道1），如图4-3-5和表4-3-4所示。

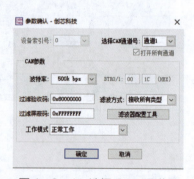

图4-3-4 选择CAN通道号

序号	系统时间	时间标识	CAN通道	传输方向	ID号	帧类型	帧格式	长度	数据
00000	16:21:20.437	0xE499DA7	ch2	接收	0x0612	数据帧	标准帧	0x08	x| 10 60 05 35 12 10 50 00
00001	16:21:20.528	0xE49A16A	ch2	接收	0x0611	数据帧	标准帧	0x08	x| 50 00 15 90 05 20 12 60
00002	16:21:20.525	0xE49A14D	ch1	接收	0x0603	数据帧	标准帧	0x08	x| 01 80 80 2e 80 04 00 77
00003	16:21:20.525	0xE49A0D1	ch1	接收	0x0601	数据帧	标准帧	0x05	x| 34 91 6B FF F4
00004	16:21:20.437	0xE499DCA	ch1	接收	0x0613	数据帧	标准帧	0x08	x| 50 05 50 05 50 05 50 05
00005	16:21:19.595	0xE497C35	ch1	接收	0x0701	数据帧	标准帧	0x05	x| 02 07 08 2A B6
00006	16:21:19.595	0xE497C33	ch1	接收	0x0401	数据帧	标准帧	0x08	x| 00 00 80 02 10 C0 08 00

图4-3-5 找出ID号为0x0603的数据

表 4-3-4　ID 号为 0×0603 的数据解析

参数	解析过程
Object_id	1. 转换： BIN 数据：0000 0001，HEX 数据：01，DEC：1 2. 计算：1 * 1 - 0 = 1
Object_x	1. 转换： BIN 数据：1000 0000 1000，HEX 数据：808，DEC：2056 2. 计算：2056 * 0.1 - 204.8 = 0.8
Object_y	1. 转换： BIN 数据：0000 0010 1110，HEX 数据：02E，DEC：46 2. 计算：46 * 0.1 - 0 = 4.6
Object_vx	1. 转换： BIN 数据：100 0000 0000，HEX 数据：400，DEC：1024 2. 计算：1024 * 0.1 - 102.4 = 0
Object_vy	1. 转换： BIN 数据：100 0000 0000，HEX 数据：400，DEC：1024 2. 计算：1024 * 0.1 - 102.4 = 0
Object_rcs	1. 转换： BIN 数据：0111 0111，HEX 数据：77，DEC：119 2. 计算：119 * 0.5 - 64 = -4.5
Object_dynprop	1. 转换： BIN 数据：00，HEX 数据：0，DEC：0 2. 计算：0 * 1 - 0 = 0

三、系统复原与 6S 整理清洁工作

1）关闭 USB_CAN TOOL 工具，关闭实训系统计算机和电源。

2）完成 6S 整理清洁工作。

复习题

填空题

（1）毫米波雷达跟踪目标数据的 ID 号为_____，它包含_____个字节。包含的参数有目标 ID、目标 RCS、_____、_____、_____、_____、目标的运动属性。

（2）对于目标运动属性，0 代表_____；1 代表_____；2 代表_____；3 代表_____。

（3）参数为目标 X 方向速度的数据长度为_____位，目标 Y 方向速度的数据长度为_____位。

学习任务四
基于毫米波雷达实现 FCW（前向碰撞预警）功能

任务描述

你们公司将自主研发的毫米波雷达搭载到了汽车上，实现了前向碰撞预警功能，但是由于这个功能需要向客户推广，为了更好、更直观地向客户演示前向碰撞预警功能，你的领导给你安排了这样一个任务：基于前向碰撞预警功能的逻辑，实现功能可视化的演示过程，可基于 QT 进行开发。例如，车辆在道路行驶过程中，前方 100m 的一辆车突然减速，这时前向碰撞预警系统应何时发出预警信息提醒驾驶人？你需要对其进行逻辑判断，并以动画的形式呈现出来。你应该如何完成这个任务？

学习目标

知识目标

1. 能叙述前向碰撞预警系统的定义和工作原理。
2. 能阐述基于毫米波雷达实现前向碰撞预警功能的测试软件的使用步骤。
3. 能归纳预警模拟软件实现碰撞预警功能的原理。

技能目标

能独立完成不同模拟场景 Python 脚本的编写。

素养目标

1. 严格执行企业 6S 管理制度。
2. 培养严谨求实的工匠精神，热爱劳动的好品质。
3. 引导学生正确地理解科学问题。

项目四　认识与应用毫米波雷达

知识图谱

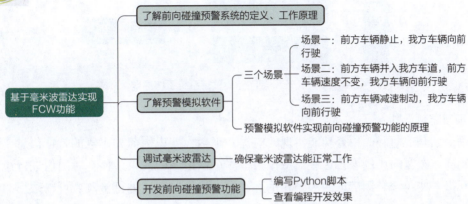

知识准备

一、前向碰撞预警系统的定义

前向碰撞预警系统是通过传感器时刻监控前方车辆，并计算出本车与前方车辆之间的距离、方位及相对速度，当存在潜在碰撞危险时对驾驶人进行警告，如图4-4-1所示。一般的预警方式有声音、视觉和触觉等。

目前，在大量的自动驾驶试验中，为了准确性，往往需要多种传感器对目标进行识别和测量

图4-4-1　前向碰撞预警功能示意图

来实现前向碰撞预警功能，传感器融合技术是研究的主流，对各种传感器的不同信息源进行有效整合，并解决计算的实时性成为关键。而本课程只介绍基于毫米波雷达实现前向碰撞预警功能。

二、前向碰撞预警系统的工作原理

前向碰撞预警系统一般是对本车行驶轨迹内最近的障碍车辆进行预警。在正确识别有效目标的基础上，结合本车当前行驶状况与有效目标运动情况进行决策分析，最终以适当的方式适时地提醒驾驶人采取规避措施。

系统通过毫米波雷达发射电磁波并分析目标回波，探测、识别与跟踪前方车辆，实时测量车距、车速及角度。同时，根据安全车距预警模型判断有无追尾可能，一旦发现潜在危险，便根据预警规则及时给予驾驶人主动预警，如图4-4-2所示。

具体来说，前向碰撞预警系统的工作过程主要分为前方车辆识别、前方车距检测和建立安全距离预警模型。

119

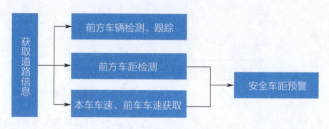

图4-4-2 前向碰撞预警系统工作原理

1. 前方车辆识别

车辆识别是前向碰撞预警功能实现的前提,车辆检测识别前方车辆的特征信息,如车辆形状、车高与车宽的比例等,这些信息作为检测车辆边缘的约束条件,对图像进行边缘增强处理后获得一些包含车辆信息的水平和垂直边缘,从而对车辆进行检测。可以采用的传感器有单目视觉、立体视觉、毫米波雷达以及多传感器融合。目前,基于单目视觉灰度图像进行车辆识别的研究最为广泛,所涉及的算法也较多。本课程不对车辆识别过程进行讲解。

2. 前方车距检测

车距检测是前向碰撞预警系统的重要组成部分,基于毫米波雷达检测车辆的方法在20世纪90年代开始应用。它是利用电磁波发射后遇到障碍物反射的回波,对其不断进行检测和计算,获取前方车辆的相对速度和距离。

3. 建立安全距离预警模型

建立安全距离预警模型主要是为了获得预警过程的阈值。常见的安全距离预警模型算法主要分为两类,一种是基于碰撞时间的行驶安全判断逻辑算法,另一种是基于距离的行驶安全判断逻辑算法。由于两车发生碰撞的时间是由车速和车距决定的,而两车的车速很难保证稳定,故基于碰撞时间的行驶安全判断逻辑算法应用较少。基于距离的行驶安全判断逻辑算法主要是比较两车的实际距离与根据模型计算的安全距离,安全距离通常以车辆当前车速为基础进行确定,一般应大于或等于本车能够在碰撞之前制动且不发生碰撞的距离,保持安全距离(安全车距)是防止追尾事故最直接、最有效、最广泛和最根本的方法。其中,《中华人民共和国道路交通安全法》规定:机动车在高速公路上行驶,车速超过100km/h时,安全车距为100m以上;车速低于100km/h时,最小安全车距不得少于50m。

目前经典的基于距离的行驶安全判断逻辑算法主要有马自达模型、本田模型以及伯克利模型,本课程参考了马自达模型来实现前向碰撞预警功能。

马自达模型:传感器探测到前车减速时,开始向前向碰撞预警系统发送信息。当前车与本车的距离低于本车的制动距离时,系统向制动器发出指令,本车开始减速,最后与前车速度均减到0时,此时两车仍有一定的距离,即预留车距。该模型的本质是实时计算最小安全距离,从而对车速进行预警和控制。

计算公式:

$$d_w = \frac{1}{2}\left(\frac{v_2^2}{a_2} - \frac{v_1^2}{a_1}\right) + v_1 t_d + (v_2 - v_1) t_{brk} + d_0$$

式中　d_w——安全车距；

　　　v_1——本车当前车速；

　　　v_2——前车当前车速；

　　　a_1——本车加速度；

　　　a_2——前车加速度；

　　　t_d——驾驶人反应时间；

　　　t_{brk}——制动系统响应时间；

　　　d_0——预留车距。

三、预警模拟软件介绍

1. 场景介绍

本课程设置了三个不同的场景，如图 4-4-3 所示。参考马自达模型，本课程选用的加速度为 $9m/s^2$，预留车距为 5m。理想状态下，我方车辆与前方车辆的加速度相同，驾驶人的反应时间和制动系统响应时间为 0s。

1）场景一：前方车辆静止，我方车辆向前行驶。

2）场景二：前方车辆并入我方车道，前方车辆速度不变，我方车辆向前行驶。

3）场景三：前方车辆减速制动，我方车辆向前行驶。

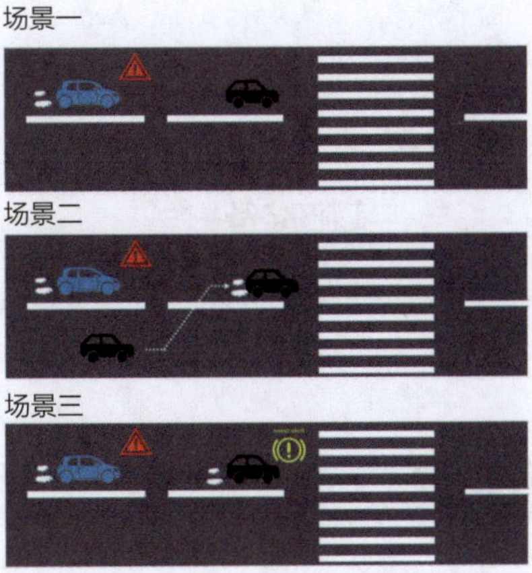

图 4-4-3　场景示意图

2. 预警模拟软件实现前向碰撞预警功能的原理

在场景模拟前，预警模拟软件会调用函数随机产生我方车辆和前方车辆的速度值及两车的距离值。其中，产生的前方车辆的速度和两车的距离值，即模拟毫米波雷达对前方车辆信息的探测。预警模拟软件模拟信息值的范围如下。

1）我方车辆与前方车辆的车速：20~100km/h。

2）两车的距离：20~200m。

可扫码查看前向碰撞预警功能的实现过程。

3. Python 脚本编写要求

Python 脚本及脚本内函数名在本教材提供的项目中有固定要求，命名规范见表 4-4-1。

表 4-4-1　Python 脚本及脚本内函数名的命名规范

Python 脚本命名	Python 脚本内的函数名		
	场景一	场景二	场景三
FCW.py	fcw_scene1	fcw_scene2	fcw_scene3

不同场景对应的参数编写要求有一定差异，见表 4-4-2。

表 4-4-2　不同场景脚本参数的编写要求

场景	参数 1 (my_speed)	参数 2 (roadblock_speed)	参数 3 (distance)	返回值 1	返回值 0
场景一	我方车速 单位：km/h	—	两车距离 单位：m	产生碰撞预警	不产生碰撞预警
场景二	我方车速 单位：km/h	前方车速 单位：km/h	两车距离 单位：m	产生碰撞预警	不产生碰撞预警
场景三	我方车速 单位：km/h	前方车速 单位：km/h	两车距离 单位：m	产生碰撞预警	不产生碰撞预警

项目实施

一、实施准备

1. 工具设备准备

工具设备准备见表 4-4-3。

表 4-4-3　工具设备准备

分类	名称	数量	图例
实训设备	智能汽车传感器实训系统	1 套	—
防护用品	工作服	1 套	—
	安全帽	1 个	—
辅助材料	无纺布	1 张	—

2. 调试毫米波雷达

参考前面步骤，正确连接线束，调试好毫米波雷达，确定毫米波雷达正常工作。

二、前向碰撞预警功能的开发

1. 编写 Python 脚本

根据设置的不同场景，编写 Python 脚本（FCW.py），Python 脚本及脚本内函数名的命名规范见表 4-4-1，Python 脚本需保存至与"毫米波雷达测试软件"同一目录下的文件夹中。下面列出了实现三个场景的 Python 参考脚本代码，可以根据具体要求不同进行修改。

```
###################################################
# 情景一：前方车辆静止，我方车辆向前行驶
# 参数 1：我方车速，单位：km/h
# 参数 2：两车距离，单位：m
###################################################
```

```
def fcw_scene1(my_speed, distance):
```

##
情景二：前方车辆并入我方车道，我方车辆向前行驶
参数1：我方车速，单位：km/h
参数2：前方车速，单位：km/h
参数3：两车距离，单位：m
返回值1：产生碰撞预警　　返回值0：不产生碰撞预警
##

```
def fcw_scene2(my_speed, roadblock_speed, distance):
```

##
情景三：前方车辆减速制动，我方车辆向前行驶
参数1：我方车速，单位：km/h
参数2：前方车速，单位：km/h
参数3：两车距离，单位：m
返回值1：产生碰撞预警　　返回值0：不产生碰撞预警
##

```
def fcw_scene3(my_speed, roadblock_speed, distance):
```

基于毫米波雷达实现FCW（前方碰撞预警）功能

2. 查看编程开发效果

（1）打开预警模拟软件（Radar Viewer）　打开预警模拟软件界面。如图4-4-4所示，预警模拟软件界面左边包含的信息有我方车速、前方车速、两车距离和模拟运行时间。软件可单击选择"场景一""场景二"和"场景三"进行不同场景的模拟，单击一次，预警模拟软件会随机产生一次数据。"开始模拟"是场景模拟的开始按钮。开始模拟后，开始计时，界面右边是以动画的方式对我方车辆与前方车辆距离信息和相对速度的呈现。界面包括红色目标点（前方车辆）、扇形区域（毫米波雷达的探测范围）及车道线。

（2）场景一　单击"场景一"，产生随机数据。其中毫米波雷达坐标系原点代表我方车辆，如图4-4-5所示。

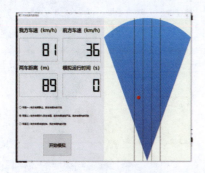
图4-4-4　预警模拟软件界面

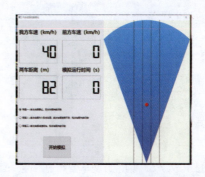
图4-4-5　场景一产生随机数据的软件界面

单击"开始模拟"按钮,场景模拟开始,我方车辆会逐渐靠近前方车辆(软件界面右边动画的红色目标点会逐渐靠近毫米波雷达坐标系原点),Python 脚本会实时计算我方车辆减速直到速度为 0 的情况下的安全距离,当两车的实际距离等于安全距离时,Python 脚本会返回碰撞预警结果,给预警模拟软件发送碰撞预警的消息。发送碰撞预警消息后,我方车辆开始减速直到速度为 0,最终我方车辆制动停止后,模拟结束,软件界面会弹出模拟结果提示框,软件界面如图 4-4-6 所示。图中两车距离为 5m,说明 Python 脚本的场景策略正确;假若两车距离不等于 5m,则证明 Python 脚本的场景策略不正确。

(3)场景二 单击"场景二",前方车辆从左车道或右车道并入我方车道,产生随机数据,如图 4-4-7 所示。

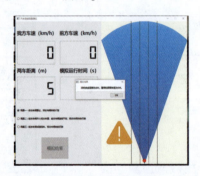 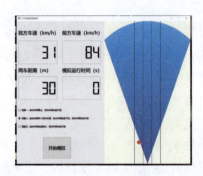

图 4-4-6 场景一模拟结束后的软件界面　　图 4-4-7 场景二产生随机数据的软件界面

再单击"开始模拟",场景模拟开始,当前方车辆并入我方车道后的速度大于我方车速时,两车会相互驶离,不会发生碰撞,模拟结束 Python 脚本的场景策略正确的软件界面如图 4-4-8 所示。

而当前方车辆并入我方车道后的速度小于我方车速时,两车会相互靠近。Python 脚本会实时计算我方车辆当前车速减速到与前方车速相同情况下的安全距离,并与当前两车的实际距离进行比较,当两车的实际距离等于我方车辆减速直到速度与前方车速相等时的安全距离时,Python 脚本会返回碰撞预警结果,给预警模拟软件发送碰撞预警的消息。发送碰撞预警消息后,我方车辆开始减速,最终两车速度相等,模拟结束。图 4-4-9 中两车距离为 5m,说明 Python 脚本的场景策略正确。假若两车距离不等于 5m(误差 0.1m),则证明 Python 脚本的场景策略不正确。

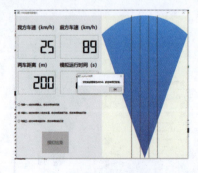 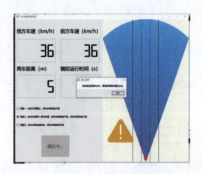

图 4-4-8 场景二两车驶离的软件界面　　图 4-4-9 场景二模拟结束后的软件界面

（4）场景三　单击"场景三"，产生随机数据的软件界面如图4-4-10所示。

再单击"开始模拟"，场景模拟开始，Python 脚本实时计算我方车辆与前方车辆当前车速减速直到速度为 0 情况下的安全距离，并与当前两车的实际距离进行比较，当两车的实际距离等于安全距离时，Python 脚本会返回碰撞预警结果，给预警模拟软件发送碰撞预警的消息。发送碰撞预警消息后，我方车辆开始减速，最终两车减速直到速度为 0，模拟结束，软件界面如图所示。图4-4-11 中两车距离为 5m，说明 Python 脚本的场景策略正确。假若两车距离不等于 5m，则证明 Python 脚本的场景策略不正确。

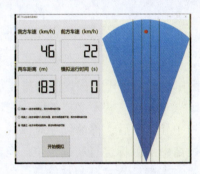 

图4-4-10　场景三产生随机数据的软件界面　　图4-4-11　场景三模拟结束后的软件界面

三、系统复原与 6S 整理清洁工作

1）关闭毫米波雷达测试软件和预警模拟软件，关闭实训系统计算机和电源。
2）完成 6S 整理清洁工作。

复习题

简答题

（1）前向碰撞预警系统的工作过程主要分为哪三个部分？
（2）当前方车辆并入我方车道，前方车辆速度不变，我方车辆向前行驶时，会出现哪两种情况？

学习任务五
毫米波雷达与摄像头的标定融合

任务描述

你在进行自动驾驶汽车性能测试时，在只使用摄像头的情况下，摄像头会将非行人（如其他车辆和路边广告牌上的肖像）判定为行人，导致汽车做出一些不必要的紧急制动，对道路交通安全造成一定的影响。你将此情况告诉了你的领导，随后，你的领导对你说了这么一番话："摄像头可以提供丰富的视觉信息，从而对影像中的目标进行精确定位。但是，当目标的视觉要素（视觉特征）相似时，基于视觉特征进行图像分类或分割都容易出错。将毫米波雷达和摄像头进行标定融合，基于两种传感器融合的特征进行目标检测，可以增加目标检测的正确性。为了增加自动驾驶车辆目标检测的正确性，需要你对毫米波雷达与摄像头进行标定融合。"你应该如何完成这个任务？

学习目标

知识目标

1. 能描述毫米波雷达与摄像头标定融合的意义。
2. 能列举融合的关键点。
3. 能区分标定的分类。
4. 能描述毫米波雷达与摄像头之间坐标系转换的过程。
5. 能阐述毫米波雷达和摄像头标定融合的实现步骤。

技能目标

能独立完成毫米波雷达与摄像头的标定融合。

素养目标

1. 培养严谨求实的工匠精神，热爱劳动的好品质。
2. 通过小组合作学习，培养沟通合作和解决问题的能力；培养其实事求是、认真严谨、脚踏实地的作风，树立团结协作等优良品德。
3. 引导学生形成社会主义核心价值观。

项目四　认识与应用毫米波雷达

知识图谱

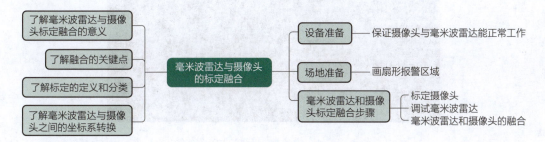

知识准备

一、毫米波雷达与摄像头标定融合的意义

摄像头的检测辨识精度受光线、天气等因素影响较大，尤其是在晚上以及雨雾天气的时候，摄像头检测识别精度降低，稳定性降低，而且它的纵向检测距离范围比较近，容易造成意外事故。

而毫米波雷达具有探测距离远、响应速度快、目标跟踪能力和识别能力好、抗干扰能力强、可全天时全天候工作、尺寸小、重量轻等优点，受光照和天气因素的影响比较小，稳定性比较高，并且测距精度也比较高，距离也比较远，但是毫米波雷达的目标分辨率很低，且无法确定目标大小和轮廓。

所以单一的传感器是不能够解决所有问题的，毫米波雷达与摄像头的标定融合也必然是一种趋势。

二、融合的关键点

要实现摄像头与毫米波雷达的精确融合，需要满足两个条件：空间上同步（联合标定解决）、时间上同步（时间戳解决）。对于摄像头和毫米波雷达的融合，技术实现上的主要难点在于摄像头和毫米波雷达观测值的匹配、数据融合、多目标场景下有效目标库的维护等，需要考虑容错性、灵活性、可拓展性、可靠性、安装等多方面的因素，首先要解决的就是传感器之间的时间、空间同步问题。

三、毫米波雷达与摄像头之间的标定

1. 标定的定义

传感器标定是指通过软件工具等手段获得传感器的内部参数以及传感器之间的旋转、平移关系的外部参数。因此，标定又分为内参标定和外参标定。

2. 标定的分类

（1）内参标定　以摄像头内参标定为例，获取摄像头的相机矩阵、畸变系数等内部参

127

数,如图4-5-1所示。

图4-5-1 内参标定获取的内部参数

(2)外参标定 将不同传感器的坐标系统一到一个坐标系中,毫米波雷达与摄像头标定就是将雷达坐标系转换到像素坐标系中,如图4-5-2所示。

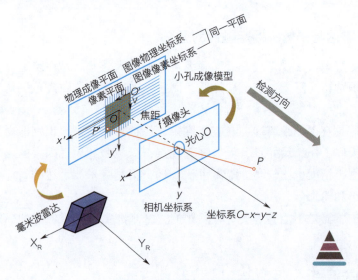

图4-5-2 坐标系转换

3. 毫米波雷达与摄像头之间的坐标系转换

建立精确的毫米波雷达坐标系、三维世界坐标系、相机坐标系、图像坐标系和像素坐标系之间的坐标转换关系,是实现毫米波和视觉融合的关键。毫米波雷达与摄像头在空间的融合就是将不同传感器坐标系的测量值转换到同一个坐标系中。

毫米波雷达与摄像头的融合标定可具体分为以下两个步骤。

(1)将毫米波雷达坐标系的坐标转换到世界坐标系 坐标转换以摄像头光心为世界坐标系原点,摄像头镜头垂直于地面安装,相机坐标系如图4-5-3所示,毫米波雷达安装方向与摄像头方向一致。

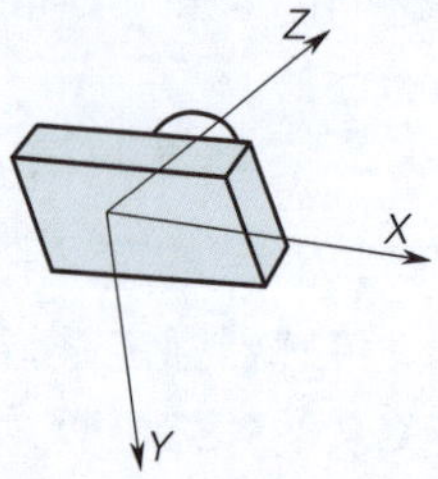

由于毫米波雷达只能获得世界坐标系中X轴与Z轴的坐标,可以手动测量Y轴坐标z_m,其中毫米波雷达输出的X轴坐标x_r与Y轴

图4-5-3 相机坐标系

坐标 y_r 分别对应世界坐标系的 X 轴与 Z 轴坐标,所以物体在世界坐标系的齐次坐标为:$(x_r, y_r, z_m, 1)^T$。

(2) 将世界坐标系的坐标转换到相机坐标系 以摄像头光心为世界坐标系原点,将物体在世界坐标系的齐次坐标 $(x_r, y_r, z_m, 1)^T$ 乘以外参矩阵 E 即为物体在相机坐标系的齐次坐标,由于摄像头的安装位置已事先调好,摄像头的偏移量较小,外参矩阵 E 设置为单位矩阵,物体在相机坐标系的齐次坐标为:$(x_c, y_c, z_c, 1)^T$。

根据针孔成像原理,已知镜头焦距为 f,物体在图像坐标系的齐次坐标 $(x_p, y_p, 1)^T$ 与相机坐标系齐次坐标的关系为:

$$z_c * (x_p, y_p, 1)^T = \begin{pmatrix} f & 0 & x_0 & 0 \\ 0 & f & y_0 & 0 \\ 0 & 0 & 1 & 0 \end{pmatrix} \begin{pmatrix} x_c \\ y_c \\ z_c \\ 1 \end{pmatrix}$$

由于主点可能不在图像坐标系原点,若主点在图像坐标系中的坐标为 $(x_0, y_0, 1)^T$,考虑到单个像素的长和宽 dx、dy,得到图像坐标与像素坐标 $(u, v, 1)^T$ 的关系:

$$(u, v, 1)^T = \begin{pmatrix} 1/dx & 0 & 0 \\ 0 & 1/dy & 0 \\ 0 & 0 & 1 \end{pmatrix} \begin{pmatrix} x_p \\ y_p \\ 1 \end{pmatrix}$$

摄像头内参矩阵为:

$$K = \begin{pmatrix} 1/dx & 0 & 0 \\ 0 & 1/dy & 0 \\ 0 & 0 & 1 \end{pmatrix} \begin{pmatrix} f & 0 & x_0 \\ 0 & f & y_0 \\ 0 & 0 & 1 \end{pmatrix} = \begin{pmatrix} f_x & 0 & u_0 \\ 0 & f_y & v_0 \\ 0 & 0 & 1 \end{pmatrix}$$

因此,世界坐标系与像素坐标系关系为:

$$z_c * (u, v, 1)^T = (K, 0) E (x_r, z_m, y_r, 1)^T$$

项目实施

一、准备工作

1. 工具设备准备

工具设备准备见表 4-5-1。

表 4-5-1 工具设备准备

分类	名称	数量	图例
实训设备	智能汽车传感器实训系统	1 套	—
防护用品	工作服	1 套	—
	安全帽	1 个	—
	工作手套	1 双	—

（续）

分类	名称	数量	图例
工具、设备	角度尺	1把	—
	卷尺	1把	
	标定板	1个	
辅助材料	无纺布	1张	—

2. 设备的调试

在进行毫米波雷达与摄像头的标定融合之前，需要分别使用对应的测试软件对摄像头和毫米波雷达进行调试，保证摄像头和毫米波雷达能够正常工作。

3. 场地的准备

1) 把实训系统推到规定的位置。

2) 在毫米波雷达下方的地面上贴一条黄色标志线，标志线需要与实训系统的"前面"（有毫米波雷达那一侧）平行，如图4-5-4所示。

3) 以毫米波雷达下方为圆心，圈出一个扇形报警区域（扇形角度为40°），如图4-5-5所示。

图4-5-4 平行标志线　　　图4-5-5 扇形报警区域

4) 在毫米波雷达前方的地面上，每隔1m用标志线做好标记，报警距离范围为5m内，如图4-5-6所示。

图4-5-6 扇形报警距离范围

二、毫米波雷达和摄像头标定融合

1. 摄像头的标定

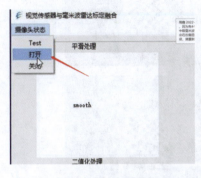

图4-5-7 打开摄像头

1）打开"摄像头与毫米波雷达标定融合"软件。

2）在软件主界面上方中间位置找到"视觉传感器"，在下拉列表中选择默认选项即可。

3）单击主界面左上角"摄像头状态"，单击"打开"，打开摄像头，如图4-5-7所示。

4）打开摄像头之后，右侧将会实时显示摄像头画面，把标定板放置到合适的位置，然后单击"拍摄"按钮，共拍摄五个不同角度的照片，如图4-5-8所示。

图4-5-8 拍摄照片

5）完成照片拍摄之后，单击"标定"按钮，进行标定，系统自动进行标定，如图4-5-9所示。如果标定效果不理想，则可以单击"删除"按钮，把之前拍摄的5张照片删除，重新调整标定板，重新拍摄即可。

2. 毫米波雷达的调试

1）在软件主界面上方中间位置找到"毫米波雷达"设置区（在"视觉传感器"下面），设置报警区域角度和报警区域距离，报警区域角度为20°（对应实际设置角度的一半），报警区域距离为5m；单击"打开设备"按钮，打开毫米波雷达，进行CAN通信，如图4-5-10所示。

2）打开毫米波雷达之后，检查坐标系是否有数据，如果有数据则说明毫米波雷达正常，如图4-5-11所示。

图4-5-9 标定效果

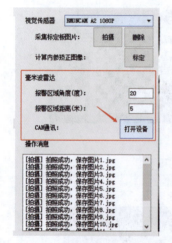

图4-5-10 设置报警区域角度和报警区域距离

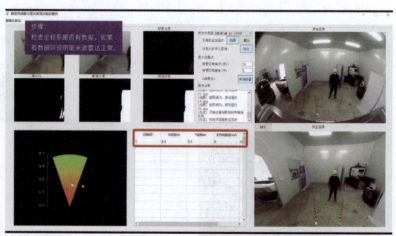

图4-5-11 调试毫米波雷达

3. 毫米波雷达和摄像头的融合

毫米波雷达和摄像头的融合是通过内参标定和外参标定获得相应参数,再经矩阵计算,将毫米波雷达坐标系上的数据转化到像素坐标系中,使得雷达点云投映到摄像头图像的对应位置。

完成摄像头的标定和毫米波雷达的调试之后,单击软件主界面中右侧中间的"融合"按钮,进行毫米波雷达和摄像头的标定融合。融合效果如图4-5-12所示;左侧显示的是摄像头的原始图片,右侧为经过两种传感器融合后的效果图片,其中方框为摄像头探测到的行人,小圆圈是毫米波雷达探测到的行人,两者重合。

图 4-5-12　融合的效果图

三、系统复原与 6S 整理清洁工作

1）关闭毫米波雷达测试软件和"摄像头与毫米波雷达标定融合"软件，关闭实训系统计算机和电源。

2）完成 6S 整理清洁工作。

复习题

1. 填空题

（1）实现摄像头与毫米波雷达的精确融合，需要满足两个条件：_____和_____。

（2）标定分为_____和_____。

（3）在对摄像头进行内参标定时，至少需要拍摄_____个不同角度的照片。

2. 简答题

（1）为什么要对毫米波雷达和摄像头进行标定融合？

（2）简述毫米波雷达与摄像头之间坐标系转换的过程。

智能网联汽车感知系统
装调与故障诊断

项目五
认识与应用激光雷达

激光雷达是自动驾驶系统的核心传感器之一,在性能、抗干扰和信息量等方面优势明显。当前行业内使用的主流自动驾驶汽车传感器有摄像头、超声波雷达、毫米波雷达、激光雷达等。由于不同传感器的原理和功能各不相同,可以分别在不同场景中发挥其特定优势,目前暂时难以完全相互替代。但相比于毫米波雷达,激光雷达可实现更远的探测距离和更高的精度;相比于摄像头,激光雷达的探测对算法及算力要求较低,并且可以区分缓慢移动的人和其他静止物体。相较于超声波雷达,激光雷达测量距离更长,在高速下能正常使用。随着高等级自动驾驶对于传感器要求的不断提升,激光雷达将作为传统传感器的重要补充,支撑自动驾驶的信息获取。本项目包含以下4个任务。

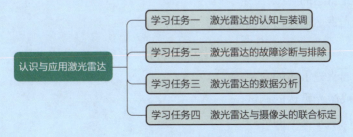

通过以上4个任务的学习,你能够了解激光雷达的组成、类型、特点、性能指标和应用等,掌握激光雷达拆装调试、故障诊断、数据解析以及激光雷达与摄像头联合标定的方法。

学习任务一
激光雷达的认知与装调

任务描述

生活当中道路环境情况的复杂度非常高，光线问题不仅会发生在白天，如果出现路面积水的情况，在黑夜里同样也会存在光线问题，这对于摄像头的功能是比较致命的。对于毫米波雷达，一般情况下，毫米波雷达在标定的时候会忽略掉静止物体反射回的波，因此，如果道路上出现掉落的轮胎等静止物体，而驾驶人又依赖自动驾驶时，那么发生事故的概率会很大。

与摄像头相比，激光雷达探测目标时不依赖光线，同时激光雷达比毫米波雷达分辨率更高，因此激光雷达可以很好地弥补摄像头和毫米波雷达的缺点。激光雷达具有不受光线影响，分辨率高，支持 3D 立体数据，点云数据还支持 AI 算法等优点。

公司的一位客户小红决定购买你们公司研发的激光雷达，这时你的领导安排你将激光雷达安装到该客户的汽车上，并对其进行调试，保证激光雷达能够正常工作。你应该如何完成这个任务？

学习目标

知识目标

1. 能描述激光雷达的定义、构成及工作原理。
2. 能总结激光雷达的特点。
3. 能区分激光雷达的类型。
4. 能阐述激光雷达的应用和性能指标。

技能目标

1. 能独立完成激光雷达的安装。
2. 能独立完成激光雷达的调试。
3. 能独立完成激光雷达的拆卸。

素养目标

1. 严格执行企业装配标准流程。
2. 严格执行企业 6S 管理制度。

3. 培养严谨求实的工匠精神，热爱劳动的好品质。
4. 传递培养科学精神的重要意义，引导学生认识到所学知识可用在日常生活中，进而树立起热爱祖国、报效祖国、服务人民的崇高理想和信念。

知识图谱

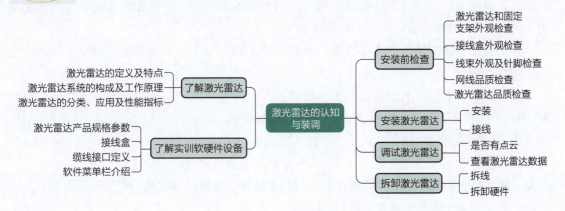

知识准备

一、激光雷达的定义及特点

1. 激光雷达的定义

激光雷达的本质是一种以激光为辐射源的主动探测器，如图 5-1-1 所示，可探测目标的距离、方位、高度、速度等特征量。激光雷达（Light Detection and Ranging，LiDAR）是激光探测及测距系统的简称，也有企业缩写成 LADAR（LASER Detection and Ranging）。

它的核心优势在于利用激光的高频特性进行大量、高速的位置及速度信息测量，形成准确清晰的物体 3D 建模。

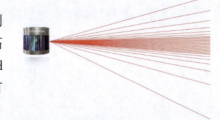

图 5-1-1 激光雷达激光束投射图

激光（Light Amplification by Stimulated Emission of Radiation，LASER）的发明要追溯到爱因斯坦在 1917 年创立的受激辐射基础理论。激光是原子受激辐射产生的光，故名激光。上述英文全称描述了激光的主要产生过程：原子中的电子吸收能量后从低能级跃迁到高能级，再从高能级回落到低能级的时候，所释放的能量以光子的形式放出。被激发出来的光子束即为激光，其中的光子光学特性高度一致。因此相比于普通光源，激光方向性、单色性、相干性好，亮度更高，能量更集中。

2. 激光雷达的特点

（1）激光雷达的优点

1）分辨率高。激光雷达可以获得极高的角度、距离和速度分辨率。通常激光雷达的距离分辨率可达 0.1m；速度分辨率能达到 10m/s 以内；角度分辨率不低于 1×10^{-4} rad。也就是说，激光雷达可以分辨 3km 距离内相距 0.3m 的两个目标，并可同时跟踪多个目标。

2）隐蔽性好、抗有源干扰能力强。激光直线传播，方向性好、光束非常窄，只有在其传播路径上才能接收到，因此敌方截获非常困难。自然界中能对激光雷达起干扰作用的信号源不多，因此激光雷达抗有源干扰的能力很强，可以工作在复杂的环境中。

3）覆盖范围广。激光雷达可以实现大范围的扫描。例如，机械激光雷达的扫描角度达 360°。另外，部分激光雷达的探测距离可达 300m 以上。

4）信息量丰富。激光雷达可直接获取目标的距离、角度、反射强度、速度等信息，生成目标的多维度图像。

5）可全天候工作。激光雷达为主动探测，不依赖于外界光照条件或目标本身的辐射特性，因此不管在白天或是夜晚，激光雷达都能正常使用。

（2）激光雷达的缺点

1）易受天气影响。在雨雪、大雾等天气条件下，激光雷达的探测性能会变差。

2）成本高。激光雷达的工艺要求高，且线束越多，价格也越昂贵。

3）不易识别交通标志和交通信号灯。

二、激光雷达系统的构成及工作原理

以 ToF（基于飞行时间测距）激光雷达为例，激光雷达系统主要包括发射模块、接收模块、控制及信号处理模块和扫描模块，分别对应激光器、探测器、扫描器（及其他光学组件）、芯片等零部件。需要注意的是，不同类型的激光雷达的结构存在一定的差异。

激光雷达系统的工作原理如图 5-1-2 所示。

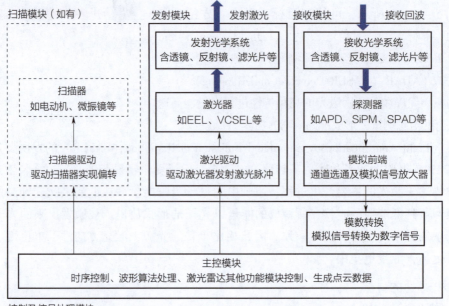

图 5-1-2　激光雷达系统的工作原理

三、激光雷达的分类

随着激光雷达需求的不断增大,激光雷达的种类也变得琳琅满目,按照线束数量、激光波长、测距方法、扫描方式等,激光雷达可分为不同的类型。

1. 按线束数量分类

根据线束数量,激光雷达一般可分为单线激光雷达和多线激光雷达。

(1) 单线激光雷达　单线激光雷达(图 5-1-3),实际上就是一个激光发射器(发出的线束是单线)和一个旋转扫描仪。扫描出来的就是一个二维平面的图(2D 激光),无法区分目标物体的三维信息。

单线激光雷达具有结构简单、扫描速度快、分辨率高、可靠性高、测量距离远、成本低、体积小、便于集成等优势。在角频率和灵敏度反应方面,单线激光雷达比多线激光雷达更加快捷,所以,在测量周围障碍物的距离和精度上更加精确。但是,单线激光雷达只能平面式扫描,不能测量物体高度,有一定局限性。综合考量单线激光雷达优缺点,目前单线激光雷达主要用于规避障碍物,较多使用于室内机器人上,如扫地机器人、AGV 等。

(2) 多线激光雷达　多线激光雷达(图 5-1-4)可以同时发射及接收多束激光,市场上目前有 4 线、8 线、16 线、32 线、64 线和 128 线等种类,多线激光雷达可以识别物体的高度信息并获取周围环境的 3D 扫描图(3D 激光),具有多维扫描、结构复杂、分辨率高、成本高等特点,主要应用于无人驾驶或无人机领域。

图 5-1-3　思岚单线激光雷达　　　图 5-1-4　Velodyne 多线激光雷达

2. 按波长分类

目前主流激光雷达的波长主要有 905nm 和 1550nm 两种。两种波长激光雷达的性能对比见表 5-1-1。

表 5-1-1　905nm 方案和 1550nm 方案性能对比

比较维度	905nm 方案	1550nm 方案
成本	可以用 Si 做接收器,成本较低	需要用 InGaAs 探测器和光纤激光器作为光源,其技术相对更复杂,成本相对较高
抵抗雨雪天气	雨水不能吸收 905nm 波长的激光,在雨雪天穿透力较强	雨水能够吸收 1550nm 波长的激光,在雨雪天穿透力较弱
功耗	没有使用光纤激光器,其功耗相对较低	1550nm 激光雷达一般采用光纤激光器,其功耗相对较高,会给激光雷达散热性带来考验

(续)

比较维度	905nm 方案	1550nm 方案
安全性能	近红外激光,容易被人体视网膜吸收并造成视网膜损伤	远离人眼可见光波长,大部分光在到达视网膜之前就会被眼球的透明部分吸收,安全功率上限是 905nm 的 40 倍
探测距离	只能以低功率运行,安全探测距离不超过 200m	安全探测距离可达到 250m,甚至 300m 以上
抗干扰能力	905nm 波长激光抗干扰能力较弱	1550nm 波长激光抗干扰能力强、光束准直度更好
发散性	激光光斑较大,发散性较强	激光光斑小,发散性弱,在 100m 外光斑直径仅为 905nm 的四分之一

3. 按测距方法分类

根据测距方法分类,激光雷达可分为四种类型。激光雷达根据测距原理主要有四类：飞行时间法（ToF）、调频连续波法（FMCW）、三角测距法和相位法,四种类型的测距原理见表 5-1-2。

表 5-1-2 激光雷达测距方法及其原理

方法	原理
ToF 法	利用信号在两个异步收发器之间往返的飞行时间来测量节点间的距离
FMCW 法	将发射激光的光频进行线性调制,使回波信号与参考光进行相干拍频,得到频率差来间接获得飞行时间反推目标物距离
三角测距法	系统以一定角度发射的激光照射到目标物后,在另一角度对反射光进行成像,根据物体在摄像头感光面上的位置,通过三角测距原理推导出目标物距离
相位法	利用发射的调制光和被目标反射的接收光之间光强的相位差来计算被测距离

其中,ToF 与 FMCW 能够实现室外阳光下较远的测程（100~250m）,是车载激光雷达的优选方案。ToF 是目前车载中长距激光雷达市场的主流方案,有非常高的激光发射频率,具备高精度探测优势,但 ToF 激光雷达最大激光功率受到限制,探测距离存在瓶颈,在白天会受到阳光干扰,在接收信号过程中会产生噪声。而 FMCW 激光雷达除了成本高外,具有可直接测量速度信息以及抗干扰、远程性高的优势,ToF 与 FMCW 测距方法对比见表 5-1-3。

表 5-1-3 ToF 与 FMCW 测距方法对比

测距方法	ToF	FMCW
获取信息途径	间接计算	直接获取
优势	有非常高的激光发射频率,响应速度快、探测精度高	抗干扰能力强（环境、其他雷达）,远程性能高,可直接测量速度信息
劣势	易受环境影响,测量距离有限	成本高昂
布局厂商	几乎所有厂商	禾赛科技、速腾聚创、Acva 等
成熟程度	已经较为成熟	处于早期培育阶段

4. 按扫描方式分类

根据扫描方式分类，激光雷达主要分为机械式激光雷达、混合式（半固态式）激光雷达以及固态式激光雷达。固态激光雷达由于不存在可活动部件，在成本和稳定性方面都有较大潜力，是技术上的最优解。而目前这三种技术路线中，机械式最为常用，已经广泛应用于无人驾驶出租车（Robotaxi）等领域；混合式激光雷达是机械式和纯固态式的折中方案（较机械式，它只扫描前方一定角度内的范围，较纯固态式，它仍有一些较小的活动部件），是目前阶段乘用车量产装车的主流产品。

（1）机械激光雷达　机械激光雷达带有控制激光发射角度的旋转部件，结构如图 5-1-5 所示，体积较大，价格昂贵，测量精度相对较高，一般置于汽车顶部。

机械激光雷达在竖直方向上排布多组激光器（激光发射器），旋转体带动激光器旋转，将激光器发射的激光束呈不同角度向外发射，实现垂直角度的覆盖，将速度更快、发射更准的激光从"线"变成"面"，实现水平角度360°的全覆盖，达到动态扫描并动态接收信息的目的。

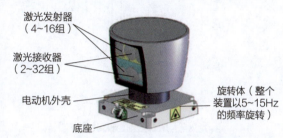

图 5-1-5　机械激光雷达外观结构图

（2）固态激光雷达　固态激光雷达依靠电子部件来控制激光发射角度，无需机械旋转部件，故尺寸较小，可安装于车体内。

固态激光雷达具有数据采集速度快、分辨率高、对温度和振动适应性强等优点。通过光束控制，探测点（点云）可以任意分布，例如在高速公路上主要扫描前方远处。侧方扫描是稀疏的，但不是完全忽略侧面进行的稀疏扫描，在十字路口可以加强侧面扫描。机械激光雷达只能以恒定的速度旋转，不能进行如此精细的操作。

纯固态激光雷达主要包括 OPA（光学相控阵）激光雷达和 Flash（闪光）固态激光雷达两种。

1）OPA 激光雷达：OPA 激光雷达完全取消了机械结构，运用相控阵原理，采用多个光源组成阵列，通过控制各光源发光时间差，合成具有特定方向的主光束。然后再加以控制，通过调节发射阵列中每个发射单元的相位差来改变激光的出射角度，使主光束实现对不同方向的扫描，如图 5-1-6 和图 5-1-7 所示。

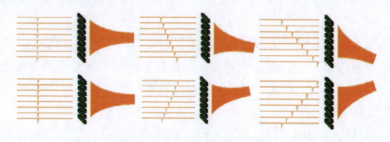

图 5-1-6　相控阵原理

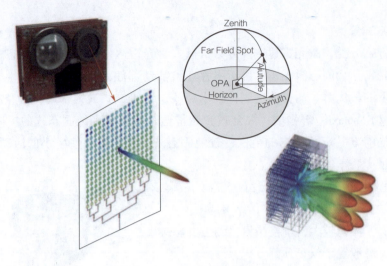

图 5-1-7 OPA 激光雷达原理

OPA 激光雷达采集速度快，分辨率高，对于温度和振动的适应性强。通过波束控制，探测点（点云）可以任意分布。但它容易形成旁瓣，影响光束作用距离和角分辨率，同时生产难度高。

2) Flash 固态激光雷达：Flash 固态激光雷达从原理上来讲类似于摄像头，不同点在于 Flash 固态激光雷达接收自身发射的主动光，而摄像头是接收环境反射的被动光，所以前者多了一个发射模块。Flash 激光雷达在短时间直接发射出一大片覆盖探测区域的激光，再以高度灵敏的接收器，来完成对环境周围图像的绘制。由于 Flash 固态激光雷达没有任何扫描部件，所以相比于机械旋转激光雷达和半固态激光雷达非常容易满足车规。Flash 固态激光雷达内部结构如图 5-1-8 所示。

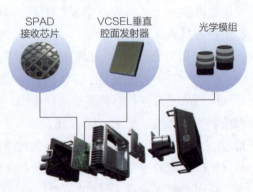

图 5-1-8 Flash 固态激光雷达内部结构

虽然稳定性和成本都很好，但 Flash 技术路线也有短板，就是功率密度低，探测距离短，因此更适合于近距离的补盲。

(3) 混合固态激光雷达 混合固态激光雷达没有大体积旋转结构，采用固定激光光源，通过内部玻璃片旋转的方式改变激光光束方向，实现多角度检测的需要，并且采用嵌入式安装。

相较机械式激光雷达，混合固态激光雷达也只扫描前方一定角度内的范围；而相比纯固态激光雷达，混合固态激光雷达也有一些较小的活动部件。不过混合固态激光雷达在成本、体积等方面更容易得到控制。目前，混合固态激光雷达也有多种解决方案，主要包括 MEMS 微振镜、转镜、棱镜等。

1) MEMS 微振镜：MEMS（Micro-Electro-Mechanical System）微振镜激光雷达采用微振镜扫描，在微观上实现激光雷达发射端的光束操纵，MEMS 微振镜激光雷达结构如图 5-1-9

所示。MEMS 微振镜是一种硅基半导体元器件，技术成熟，集成度高，它的引入可以帮助激光雷达减少电动机、多棱镜等机械运动装置，减小尺寸空间，同时还可以减少激光器和探测器数量，极大地降低成本。但是由于它的尺寸较小，限制了扫描范围和视场角，且稳定性较低，满足车规难度较大，目前量产一致性较低。

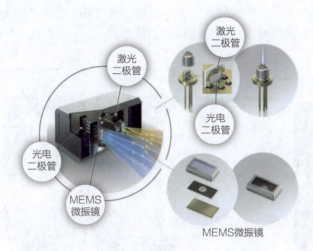

图 5-1-9 MEMS 微振镜激光雷达结构

也正因此，MEMS 微振镜激光雷达会出现信噪比低、有效距离短等问题。增大镜面尺寸可以有效增加 MEMS 微振镜激光雷达的精度，但最大偏转角度也会因此受限，FOV 视场角会更加受限。

目前，MEMS 微振镜激光雷达的代表品牌包括 Innoviz、速腾聚创、先锋等。

2）转镜：与 MEMS 微振镜平动和扭转的形式不同，转镜是反射镜面围绕圆心不断旋转。转镜在功耗、散热等方面有着更大优势。法雷奥推出的全球首款车规级激光雷达就采用了转镜形式，如图 5-1-10 所示。

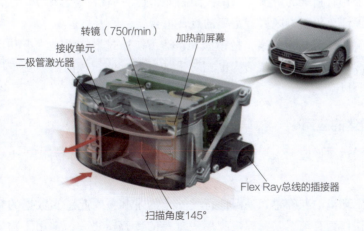

图 5-1-10 法雷奥第一代 Scala 转镜激光雷达内部结构图

在转镜方案中，也存在一面扫描镜（一维转镜）和一纵一横两面扫描镜（二维转镜）两种技术路线。一维转镜线束与激光发生器数量一致，而二维转镜可以实现等效更多的线束，在集成难度和成本控制上存在优势。

不过转镜方案与 MEMS 微振镜一样存在信噪比低、有效距离短、FOV 视场角受限等问题。

3）棱镜：棱镜激光雷达也称为双楔形棱镜激光雷达，内部包括两个楔形棱镜，如图 5-1-11 所示，激光在通过第一个楔形棱镜后发生一次偏转，通过第二个楔形棱镜后再一次发生偏转。控制两面棱镜的相对转速便可以控制激光束的扫描形态。

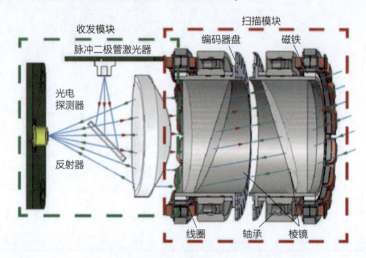

图 5-1-11　Livox 棱镜激光雷达的工作原理示意图

与前面提到的扫描形式不同，棱镜激光雷达累积的扫描图案状若菊花，而并非一行一列的点云状态。这样的好处是只要相对速度控制得当，在同一位置长时间扫描几乎可以覆盖整个区域。

不过对于高速移动的汽车来说，显然不存在长时间扫描的情况，因此也存在中心区域点云密集、两侧点云相对稀疏的情况。采用棱镜激光雷达的小鹏 P5 选择在车头两侧分别配备一个激光雷达，以保证车头前方区域有密集的点云覆盖。

相比 MEMS 微振镜和转镜方案，棱镜激光雷达可以通过增加激光线束和功率实现更高的精度和更远的探测距离，不过机械结构也相对更加复杂，体积较前两者更难以控制，存在轴承或衬套的磨损等风险。

四、激光雷达的应用

目前，激光雷达在低速无人驾驶领域的应用主要有两个：目标检测和 SLAM 定位与构图。

1. 目标检测

无人车对周围环境的准确感知是保证行驶安全的基础，因此感知数据的精度和可靠性十分重要。激光雷达作为自动驾驶目标检测用最重要的传感器之一，常用于物体检测、障碍物识别、道路分割和目标关键信息提取，如图 5-1-12 所示。

2. SLAM 定位与构图

激光 SLAM 是指搭载激光雷达的车辆，使用实时的激光点云数据在运动中估计自身的位姿，同时增量式构建周围环境地图的算法。基于激光 SLAM 的不受光照影响，数据量比较小，创建的地图精度高，而且多线激光雷达还能提供丰富的三维点云数据，建图效果如图 5-1-13 所示，能够适应室外复杂环境，因此在低速无人驾驶领域广受欢迎。

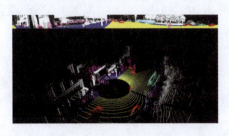

图 5-1-12　目标检测

图 5-1-13　建图效果

激光 SLAM 定位与构图过程可分为三个步骤：首先，对激光点云进行数据处理，完成关键特征的提取。其次，根据帧间的特征匹配完成车体的实时位姿估计，并且增量式构建地图。最终，进行地图的全局优化，并结合高精地图、IMU 等辅助信息优化自身的位置、姿态信息，实现高精度的地图构建与精准定位。

五、激光雷达的性能指标

虽然现在已经有很多厂商在研发不同技术路线的激光雷达产品，但在这些方法中，都有着相同的性能指标用于判断激光雷达是否适合应用到智能网联汽车中。激光雷达的主要性能指标有测远能力、点频、角分辨率、视场角、精准度、功耗和集成度等，具体说明见表 5-1-4。

表 5-1-4　性能指标

参数	描述	说明
测远能力	一般指激光雷达对于 10% 低反射率目标物（标准朗伯体反射能量的比例）的最远探测距离	目标物反射率影响探测距离，相同距离下，反射率越低越难进行探测
点频	激光雷达每秒完成探测获得的探测点的数目	点频越高，说明相同时间内的探测点数越多，对目标物探测和识别越有利
角分辨率	激光雷达相邻两个探测点之间的角度间隔，分为水平角度分辨率与垂直角度分辨率	相邻探测点之间角度间隔越小，对目标物的细节分辨能力越强，越有利于进行目标识别
视场角	激光雷达探测覆盖的角度范围，分为水平视场角范围与垂直视场角范围	视场角越大，说明激光雷达对空间的角度覆盖范围越广
测距精度	激光雷达对同一距离下的物体多次测量所得数据之间的一致程度	精度越高表示测量的随机误差越小，对物体形状和位置的描述越准确，对目标物探测越有利
测距准度	测距值和真实值之间的一致程度	准度越高表示测量的系统误差越小，对物体形状和位置的描述越准确，对目标物探测越有利
功耗	激光雷达系统工作状态下所消耗的电功率	在探测性能类似的情况下，功耗越低，说明系统的能量利用率越高，同时散热负担也更小
集成度	直观体现为产品的体积和重量	在探测性能近似的情况下，集成度越高，搭载于车辆或服务机器人时灵活性越高

六、实训硬件设备介绍

1. 激光雷达产品规格参数

实训任务中采用的是镭神 16 线机械式激光雷达,如图 5-1-14 所示,测距范围为 70~200 米,测距精度 ±3cm,垂直视场角为 -15°~15°。

2. 接线盒介绍

接线盒的作用是方便计算机使用激光雷达附带的电源适配器和以太网线,直接连接激光雷达测试,16 线激光雷达出厂默认连接接线盒,接线盒与激光雷达是通过接线端子(航空插头)进行连接的。

接线盒接口包括:缆线端、孔径 2.1mm 的电源插座孔、指示灯、百兆网 RJ45 网口和 6 针 GPS 接口,如图 5-1-15 所示。

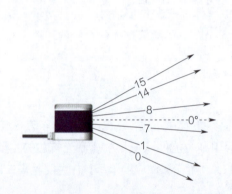

图 5-1-14 镭神 16 线机械式激光雷达原理图

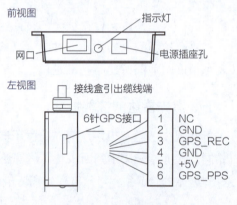

图 5-1-15 接线盒接口

3. 缆线接口定义介绍

16 线激光雷达侧面的航空插头(插孔侧)和接线盒端引出缆线连接航空插头(插头侧)的缆线都为 8 芯屏蔽线。

七、实训软件介绍

实训任务中使用的"激光雷达测试软件"如图 5-1-16 所示。软件有 Lidar、Offline、LSC16 和 Help 四个菜单。本节任务主要讲解 Lidar、Offline 和 LSC16 菜单,Lidar 菜单可对激光雷达点云显示进行调整以及连接设备,Offline 菜单可录制、播放激光雷达点云数据,LSC16 菜单可对激光雷达的通道、类型、回波切换、点云显示颜色等进行设置。

图 5-1-16 激光雷达测试软件

项目实施

一、实施准备

1. 工具设备准备

工具设备准备见表 5-1-5。

表 5-1-5 工具设备准备

分类	名称	数量	图例
实训设备	智能汽车传感器实训系统	1 套	—
防护用品	工作服	1 套	—
	安全帽	1 个	—
	工作手套	1 双	—
工具、设备	激光雷达(附带接线盒、电源适配器、网线)	1 套	
	网线测试仪	1 套	
	螺钉旋具套装	1 套	—
辅助材料	绝缘垫	1 张	—
	无纺布	1 张	—

2. 工具及设备检查

1）激光雷达和固定支架外观检查。

2）接线盒外观检查。

3）线束外观及针脚检查。

4）网线品质检查。使用网线测试仪对网线进行品质检查，网线测试仪如图 5-1-17 所示，将网线两端的插头分别插入主测试仪和远程测试端的 RJ45 端口，将开关拨到"S"（S 为慢速档），这时主测试仪和远程测试端的灯若从 1 到 8 逐个顺序闪亮，且两端同时亮灯，则证明网线连通性没有问题。否则需更换网线。

图 5-1-17 网线测试仪

5）激光雷达品质检查。

①连接线束，如图 5-1-18 所示。

②打开计算机，在控制面板 -> 网络和 Internet -> 网络共享中心，单击"本地连接"按钮。在弹出的状态框中单击"属性"，在弹出的属性框中双击"TCP/IP4 协议版本"。在 TCP/IP4 属性设置中将 IP 地址设置为激光雷达的目的 IP（192.168.1.102），子网掩码设置为 255.255.255.0，如图 5-1-19 所示。

③在计算机上打开激光雷达测试软件。

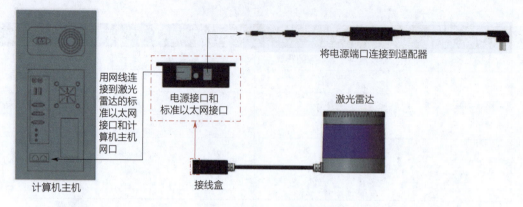

图 5-1-18　连接线束

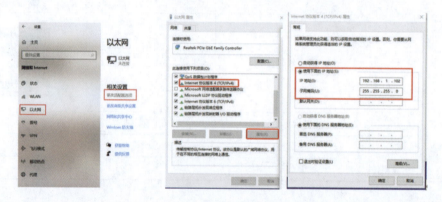

图 5-1-19　网络和 Internet 设置

④在激光雷达调试界面单击"Lidar"按钮（图 5-1-20），在弹出的传感器配置界面中选择"LSC16-1"后单击"OK"按钮。

⑤若调试软件显示实时三维点云数据，如图 5-1-21 所示，说明激光雷达正常。若没有显示实时三维点云数据，说明激光雷达损坏。

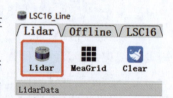

图 5-1-20　单击"Lidar"按钮

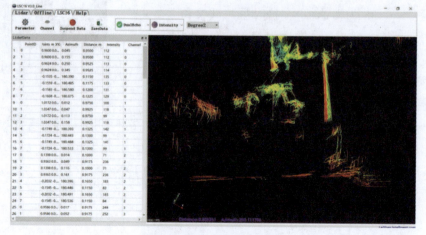

图 5-1-21　三维点云数据

二、激光雷达的安装

1）使用合适的工具紧固螺栓，将激光雷达安装到固定支架上，如图 5-1-22 所示。

图 5-1-22　将激光雷达安装到固定支架上

2）使用合适的工具紧固螺栓，将激光雷达和固定支架安装到实训系统顶部，如图 5-1-23 所示。

3）缆线接口连接，激光雷达缆线端的接线端子与接线盒缆线端的接线端子连接，两个接线端子的卡口需要对齐，如图 5-1-24 所示。

4）连接网线，将网线一端连接至激光雷达接线盒以太网接口，如图 5-1-25 所示，另一端连接至实训系统网口。

5）连接电源线，将电源适配器的电源端口连接至接线盒的电源插座孔，如图 5-1-25 所示。

图 5-1-23　固定激光雷达　　图 5-1-24　缆线接口连接　　图 5-1-25　将网线和电源线
　　　　到实训系统顶部　　　　　　　　　　　　　　　　　　　　　　　连接至接线盒

三、激光雷达的调试

1. 调试激光雷达

1）接通实训系统电源，开启实训系统电源开关。

2）打开实训系统计算机，双击打开虚拟机 VMware，如图 5-1-26 所示。

3）单击"文件夹"→"HOME"→"ros + cam + lidar"→"ls16_ws"后，在文件夹内右键打开终端，在终端窗口命令行输入以下命令，设置环境变量。

图 5-1-26　虚拟机 VMware

```
source devel/setup.bash
```

4）输入以下命令，启动激光雷达节点。

```
roslaunch lslidar_c16_decoder lslidar_c16.launch
```

5）在窗口区域内单击鼠标右键打开一个新的终端，在终端窗口命令行输入以下命令启动 RVIZ 可视化工具。

```
rviz
```

6）在左下角"Add"按钮中添加点云 PointCloud2 话题（图 5-1-27）。

7）在 PointCloud2 中的 Topic 栏中选中主题/lslidar_point_cloud，在最上面的全局选项 Global Options 中修改 Fixed Frame 为/laser_link，如图 5-1-28 所示。

 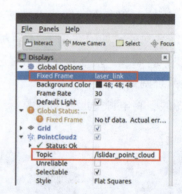

图 5-1-27　添加点云 PointCloud2　　图 5-1-28　设置主题和 Fixed Frame

此时，RVIZ 可视化页面中间会显示出激光雷达中的点云数据，如图 5-1-29 所示。

图 5-1-29　激光雷达点云数据

注意： 需保证虚拟机的 IP 地址不能与 Windows 下的 IP 地址有冲突，如果出现冲突的情况，则需修改虚拟机的 IP 地址，然后重启虚拟机或重新拔插激光电源。

2. 查看激光雷达数据

在桌面空白区域内单击鼠标右键，选择"打开终端"，在终端窗口命令行输入以下命令，查看激光雷达话题列表，如图 5-1-30 所示。

```
rostopic list
```

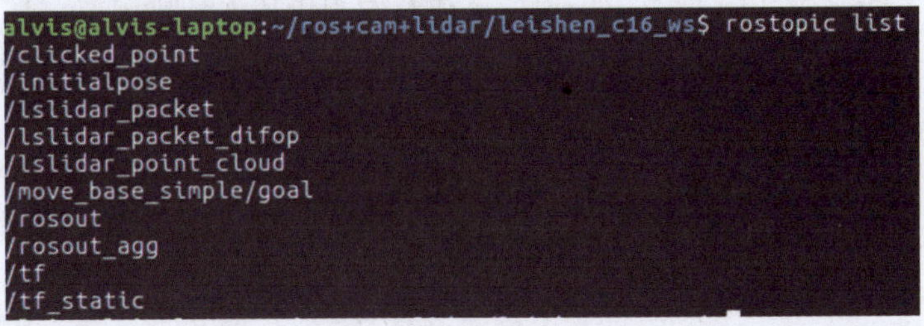

图 5-1-30　话题列表

输入以下命令，查看激光雷达输出的点云数据，如图 5-1-31 所示。

```
rostopic echo /lslidar_point_cloud
```

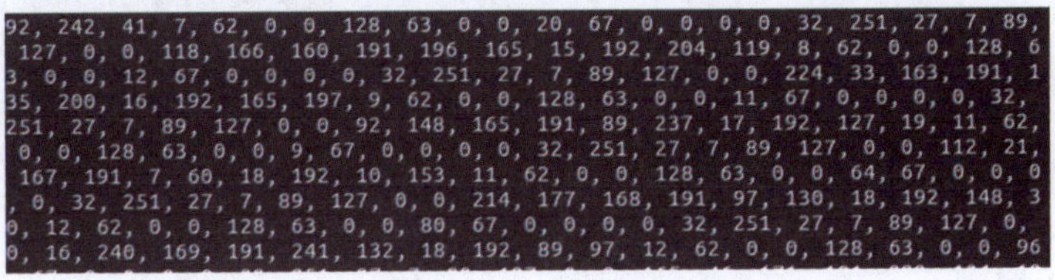

图 5-1-31　激光雷达点云数据

四、激光雷达的拆卸

1）关闭软件、计算机及实训系统电源。
2）先断开线束，再使用合适的工具拆卸激光雷达及固定支架。

五、整理清洁

完成 6S 整理清洁工作。

复习题

1. 单选题

（1）目前主流的激光雷达的波长主要有（　　）。

　　A. 900nm　　　　B. 905nm　　　　C. 1350nm　　　　D. 1550nm

（2）棱镜激光雷达内部包含（　　）个楔形棱镜。
　　A. 1　　　　　　B. 2　　　　　　C. 3　　　　　　D. 4

2. 判断题

（1）激光雷达依赖于外界光照条件或目标本身的辐射特性才能正常使用。（　　）

（2）在进行网线品质检查时，只要主测试仪的灯从1到8逐个顺序闪亮，就可以证明网线连通性没问题。（　　）

（3）波长为1550nm的激光容易对视网膜产生伤害。（　　）

（4）混合固态激光雷达用"微动"器件来代替宏观机械式扫描器。（　　）

3. 简答题

激光雷达按扫描方式分类有哪几种？

学习任务二
激光雷达的故障诊断与排除

任务描述

一位客户发现激光雷达无法进行建图。这位客户怀疑是激光雷达出现了故障，于是前往你们公司寻求帮助。这时你的领导安排你对激光雷达进行故障诊断，排查原因并排除故障，保证激光雷达能够正常工作。你应该如何完成这个任务？

学习目标

知识目标
1. 能列举激光雷达的常见故障及原因。
2. 能解释激光雷达相关配置信息。
3. 能归纳激光雷达故障检诊的方法及流程。

技能目标
能独立完成激光雷达的故障诊断。

素养目标
1. 培养严谨求实的工匠精神，热爱劳动的好品质。
2. 引导学生善于思考，主动解决问题的能力。
3. 培养知难而上、精益求精的工匠精神。

知识图谱

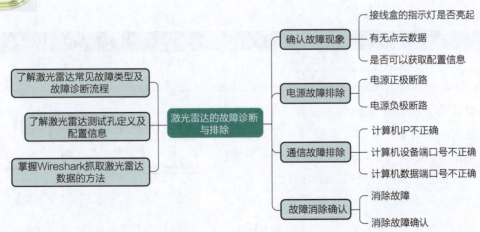

153

知识准备

一、激光雷达常见故障类型

激光雷达常见故障类型如图 5-2-1 所示。

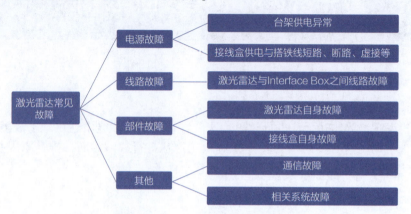

图 5-2-1 激光雷达常见故障类型

二、激光雷达常见故障诊断流程

实训系统上的激光雷达出现故障时，依次检查台架供电、激光雷达接插件与线束、激光雷达接线盒供电、激光雷达通讯、激光雷达本体、激光雷达测试软件是否正常。本课程是在实训系统供电、相关线束连接以及激光雷达和接线盒自身都正常的情况下，再进行故障排除，因此在故障排除过程中只需考虑电源故障和通信故障。

三、激光雷达测试孔

激光雷达测试孔的位置与说明如图 5-2-2 所示。

四、激光雷达配置信息

激光雷达默认配置的相关 IP 和端口号见表 5-2-1。

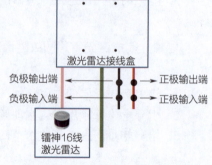

图 5-2-2 激光雷达测试孔

表 5-2-1 激光雷达默认配置的相关 IP 和端口号

	IP 地址	UDP 设备包端口号	UDP 数据包端口号
雷达	192.168.1.200	2368	2369
计算机	192.168.1.102	2369	2368

获取和设置配置信息的步骤如图 5-2-3 所示，设备信息介绍如图 5-2-4 所示。窗体上面部分为激光雷达参数设置部分。下面部分为激光雷达实时状态信息栏，根据激光雷达定时发出的 DIFOP 状态包，显示激光雷达当前的状态信息。

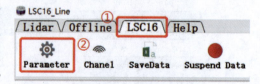

图 5-2-3 获取和设置配置信息步骤

项目五　认识与应用激光雷达

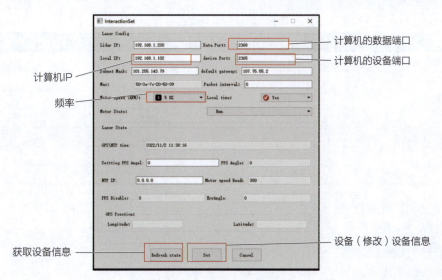

图5-2-4　设备信息介绍

五、使用 Wireshark 抓取激光雷达数据

1）网络抓包工具 Wireshark 的图标如图5-2-5所示，首先双击启动 Wireshark。

2）双击打开"以太网2"选择捕获"以太网2"接口上的数据包。图5-2-6为 Wireshark 的主界面，界面中显示了当前可使用的接口。想要捕获数据包，必须选择一个接口，表示捕获该接口上的数据包，"以太网2"的网络信息如图5-2-7所示。

图5-2-5　网络抓包工具

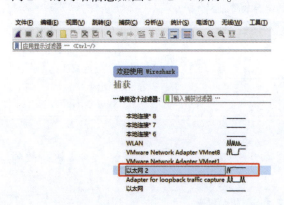

图5-2-6　Wireshark 主界面

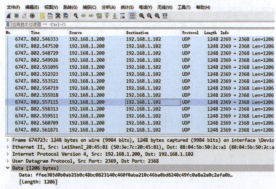

图5-2-7　"以太网2"的网络信息

项目实施

一、实施准备

工具设备准备

工具设备准备见表5-2-2。

表 5-2-2 工具设备准备

分类	名称	数量	图例
实训设备	智能汽车传感器实训系统	1 套	—
防护用品	工作服	1 套	—
	安全帽	1 个	—
	工作手套	1 双	—
工具、设备	数字式万用表	1 套	—
辅助材料	绝缘垫	1 张	—
	无纺布	1 张	—

二、故障诊断流程

1. 确认故障现象

1）接通实训系统电源,开启实训系统电源开关。

2）确认以下现象。

①查看接线盒的指示灯是否亮起。

②打开"激光雷达测试软件",单击"监听数据"按钮,再选择 LSC16-1（单次回波）或 LSC16-2（双次回波）数据显示。查看界面有无点云数据显示。

③查看是否可以获取激光雷达配置信息。

激光雷达电源故障检诊

2. 电源故障排除

将数字式万用表调至直流电压档,通过测量电源正极输入端与负极输出端之间的电压及电源正极输出端与负极输入端之间的电压,对照表 5-2-3 找出故障原因。

表 5-2-3 激光雷达电源故障原因分析

序号	红表笔	黑表笔	电压	故障原因	故障现象
1	正极输入端	负极输出端	供电电压（12V）	电源正极断路	1. 接线盒指示灯不亮 2. 测试软件无点云数据显示 3. 获取不到设备信息
	正极输出端	负极输入端	0V		
2	正极输入端	负极输出端	0V	电源负极断路	
	正极输出端	负极输入端	供电电压（12V）		

3. 通信故障排除

通信故障对应的现象、原因、排故方法及消障方法如表所示。对照表 5-2-4 进行故障排除,找出故障原因,并消除故障。

表 5-2-4 激光雷达通信故障排除

故障现象	故障原因	排故方法	消障方法
1. 接线盒指示灯亮起 2. 测试软件无点云数据显示 3. 获取不到设备信息	计算机 IP 不正确	使用网络抓包工具 Wireshark 获取信息（图 5-2-8）	修改计算机 IP 地址
1. 接线盒指示灯亮起 2. 测试软件有点云数据显示 3. 获取不到设备信息	计算机设备端口号不正确	按照图 5-2-9 的步骤找到设备端口号	修改计算机的设备端口号
1. 接线盒指示灯亮起 2. 测试软件无点云数据显示 3. 获取不到设备信息	计算机数据端口号不正确	按照图 5-2-10 的步骤找到数据端口号	修改计算机的数据端口号

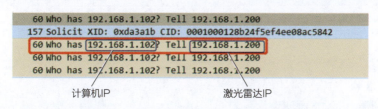

图5-2-8　计算机IP不正确出现的现象

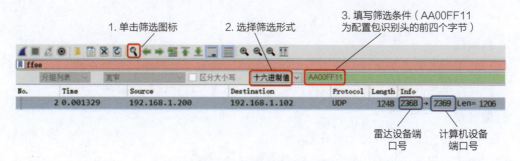

图5-2-9　查找设备端口号

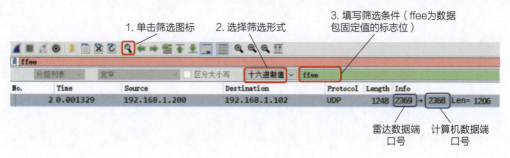

图5-2-10　查找数据端口号

4. 故障消除确认

1）学生正确找到故障原因后,如果为电源故障,则由老师清除故障,如果为通信故障,学生需自行消除故障。

2）消除故障确认。

①接线盒的指示灯亮起。

②打开"激光雷达测试软件",单击"监听数据"按钮,再选择LSC16-1(单次回波)或LSC16-2(双次回波)数据显示。界面有点云数据显示。

③可以获取激光雷达配置信息。

三种情况都成立,则说明故障已清除。

三、系统复原与6S整理清洁工作

1）关闭激光雷达测试软件,关闭实训系统计算机和电源。

2）完成6S整理清洁工作。

复习题

1. 填空题

（1）计算机默认的 IP 地址为：_____。

（2）计算机默认的设备端口号为：_____。

（3）计算机默认的数据端口号为：_____。

2. 判断题

（1）如果激光雷达测试软件获取不了设备信息，则说明数据端口号不正确。（   ）

（2）通过筛选 ffee 字节的数据包可以查看激光雷达和计算机的数据端口号。（   ）

3. 简答题

（1）激光雷达常见的故障类型有哪些？

（2）简述对实训系统上的激光雷达进行故障排除的常见流程。

学习任务三
激光雷达的数据分析

任务描述

你们公司新研发一款激光雷达,你的领导安排你对这款产品进行一个简单的性能测试,使用网络抓包工具来分析激光雷达的数据,预估激光雷达探测数据与实际数据的偏差值是否在允许的偏差范围内。你应该如何完成这个任务?

学习目标

知识目标

1. 能说出 Wireshark 捕获数据包的层次结构。
2. 能根据激光雷达单波模式的数据结构,找出数据解释的方法。

技能目标

能独立完成激光雷达的数据分析。

素养目标

1. 培养严谨求实的工匠精神,热爱劳动的好品质。
2. 培养学生吃苦耐劳的精神。
3. 树立正确的职业观。

知识图谱

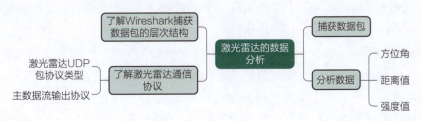

知识准备

一、大端模式与小端模式

在计算机中,我们知道数据是按照字节存储的,如果数据都是单字节存储,就不涉及存储顺序的问题。但是,大多数情况下,数据不是按照单字节的方式存储的,例如会有类似于 int、double 等数据类型,这就涉及存储顺序的问题了,于是也就出现了两种存储方式:大端模式和小端模式。

无论是小端模式还是大端模式。每个字节内部都是按顺序排列,大端模式读取数据时从左往右读取,小端模式读取数据时从右往左读取。

二、激光雷达通信协议

1. 激光雷达 UDP 包协议类型

激光雷达数据输出和配置使用百兆以太网 UDP/IP 通信协议,共有主数据流输出协议(Main data Stream Output Protocol, MSOP)、设备信息输出协议(Device Information Output Protocol, DIFOP)和用户配置写入协议(User Configuration Write Protocol, UCWP)三种 UDP 包协议,具体介绍见表 5-3-1,包长均为 1248bytes(42bytes 以太网包头和 1206bytes 有效载荷)。

表 5-3-1 UDP 包协议

UDP 包名称	简称	功能	长度/byte	发送间隔
MSOP	数据包	输出测量数据、时间戳等	1248	约 1.2ms/0.6ms
DIFOP	设备包	输出参数配置和状态信息		约 0.33s
UCWP	配置包	输入配置参数		不固定

2. 主数据流输出协议(MSOP)

数据包输出点云的角度值、距离值、强度值、时间戳等测量数据。数据包的数据采用小端模式。

数据包包括 42 字节以太网包头和 1206 字节的有效载荷,长度 1248 字节。有效载荷由 1200 字节点云数据 channel data(12 个 100 字节的数据块 block)和 6 字节的附加信息(4 字节的 Timestamp 和 2 字节的 Factory)组成。

16 线激光雷达数据支持单回波和双回波模式。

单回波测量最近回波值,双回波测量最近回波和次近回波值(时间轴)。

单回波模式时,一次单点激光发射测量一次回波数据。一个点云数据包包含 12 个数据块,每个数据块包含了 2 组按照打包顺序测量的 16 个通道点云数据,每个数据块只返回一个方位角,每个方位角输出 2 组数据,数据结构如图 5-3-1 所示。

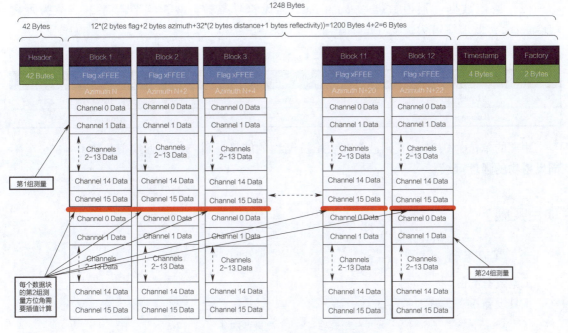

图 5-3-1 单回波模式数据结构

本节任务只对单回波的数据块进行解析，扫码可查看双回波模式的数据结构。

3. 数据块

数据块是 MSOP 包中传感器的测量值部分，测量数据共 1200 字节，它由 12 个数据块（blocks）组成，每个数据块长度为 100 字节，如图 5-3-2 所示。

图 5-3-2 数据块数据

一个数据块包括：2 字节 0xffee 固定值的标志位；2 字节方位角（Azimuth 的相对水平角度信息）；2 组 16 个通道的 channel 点云数据（每个通道 3 字节）。每组 16 通道 channel 数据（UDP 包封装顺序）对应雷达的一次 16 通道激光不同发射时刻的测量数据。

注意：通道数据的打包顺序依次递增，这个顺序与通道的垂直角度分布顺序和通道的激光发射测量时间顺序可能不一致，但有固定的一一对应关系。

（1）方位角　方位角表示数据块 2 组 16 次激光发射第一次发射测距时的角度值，也即数据块第一个 channel 0 的角度，单位 0.01°。

(2) 通道数据　通道数据 channel data 为无符号整数，共 3 字节，高 2 字节为距离（Distance），低 1 字节为强度（Intensity），见表 5-3-2。

表 5-3-2　通道数据

channel data（3bytes）		
byte3	byte2	byte1
Distance	Distance	Intensity

距离的单位为 0.25cm。回波强度表示被测物的能量反射特性，强度值代表 0~255 个不同反射物的强度等级。

项目实施

一、实施准备

工具设备准备

工具设备准备见表 5-3-3。

表 5-3-3　工具设备准备

分类	名称	数量	图例
实训设备	智能汽车传感器实训系统	1 套	—
防护用品	工作服	1 套	—
	安全帽	1 个	—
	工作手套	1 双	—
辅助材料	无纺布	1 张	—

二、激光雷达数据抓包

1）打开网络抓包工具，选择"以太网 2"网段，单击"开始"捕获激光雷达数据。

2）单击"暂停"按钮，选择一帧数据，双击查看有效载荷的数据，步骤如图 5-3-3 所示。

激光雷达的数据分析

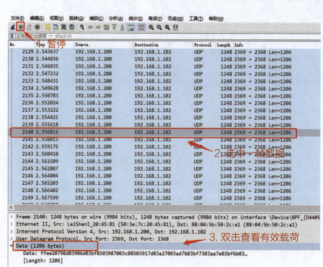

图 5-3-3　查看数据

三、数据分析

有效载荷的数据如图 5-3-4 所示。选取数据进行解析。

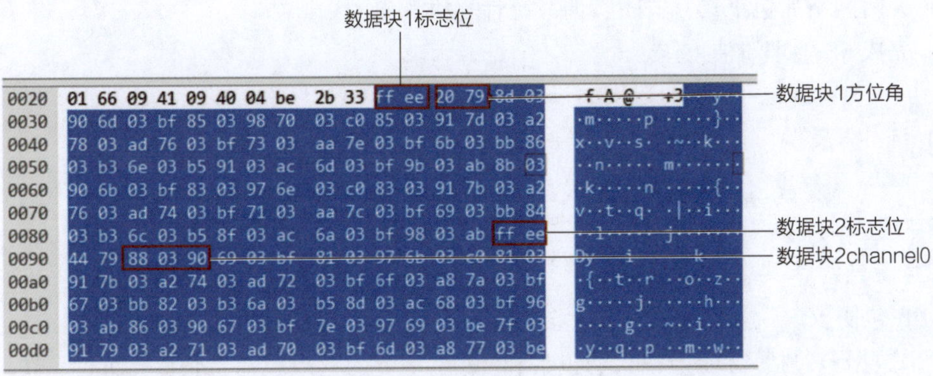

图 5-3-4　选取数据

1. 计算数据块 1 方位角

角度值计算步骤如下。

1）获取数据块 1 的角度值的十六进制数：0×20，0×79。

2）反转两个字节变成十六进制数：0×79，0×20。

3）将数据组成 16bit 无符号整型数据，表示为：0×7920。

4）转换为十进制数：31008。

5）单位：0.01°。

6）结果：31008×0.01°=310.08°。

因此，这次的发射激光角度值为 310.08°。

2. 计算数据块 2channel0 距离值

距离值计算步骤如下。

1）获取数据块 2channel0 的距离值的十六进制数：0×88，0×03。

2）反转两个字节变成十六进制数：0×03，0×88。

3）将数据组成 16bit 无符号整型数据，表示为：0×0388。

4）转换为十进制数：904。

5）单位：0.25cm。

6）结果：904×0.25cm=226cm。

因此，这次的测距距离是 2.26m。

3. 计算数据块 2channel0 强度值

强度值计算步骤如下。

1）获取数据块 2channel0 的强度值的十六进制数：0×90。

2）转换为十进制数：144。

因此，这次的测量物体的回波强度是 144。

四、系统复原与 6S 整理清洁工作

1）关闭网络抓包工具，关闭实训系统计算机和电源。
2）完成 6S 整理清洁工作。

复习题

填空题

（1）激光雷达共有_____、_____和_____三种 UDP 包协议。

（2）数据包包括 42 字节以太网包头和 1206 字节的有效载荷，长度 1248 字节。有效载荷由_____个字节点云数据 channel data（一共有_____个数据块，一个数据块有_____个字节）和 6 字节的附加信息（4 字节的 Timestamp 和 2 字节的 Factory）组成。

（3）一个数据块包括：

1）2 字节固定值的标志位，为_____（十六进制）。
2）方位角为_____个字节。
3）_____组 16 个通道的 channel 点云数据，每个通道_____个字节。每组 16 通道 channel 数据（UDP 包封装顺序）对应雷达的一次 16 通道激光不同发射时刻的测量数据。

学习任务四
激光雷达与摄像头的联合标定

任务描述

你最近在使用激光雷达进行物体聚类，为车辆添加障碍物检测模块，但是由于使用的是16线激光雷达，线数比较稀疏，对于较远的物体，过于稀疏的线数聚类效果并不好，因此你就考虑再使用摄像头进行目标检测，将两者的数据融合，这样的检测效果会更好，但在融合之前，你需要将摄像头和激光雷达进行联合标定，你应该如何完成这个任务？

学习目标

知识目标

1. 能描述激光雷达与摄像头联合标定的意义。
2. 能分析激光雷达与摄像头之间的坐标系转换关系。
3. 能阐述激光雷达和摄像头联合标定的实现步骤。

技能目标

能独立完成激光雷达与摄像头的联合标定。

素养目标

1. 培养严谨求实的工匠精神，热爱劳动的好品质。
2. 激发学习兴趣，逐步形成问题意识及运用方法，使学生逐步养成科学的思维习惯。
3. 激发学生民族自尊心、自信心和自豪感，坚定"四个自信"。

知识图谱

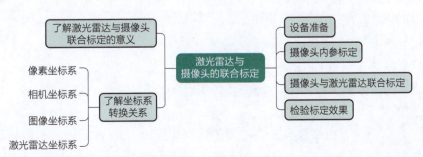

知识准备

激光雷达与摄像头的联合标定

1. 激光雷达与摄像头联合标定的意义

现阶段，大多数自动驾驶汽车采用"激光雷达+摄像头"解决方案，以实现完整的环境感知。其中，激光雷达在目标表面获得高精度、离散的三维点云数据，受环境影响较小，具有良好的鲁棒性；摄像头可以获得高分辨率、高质量的二维视觉信息，在环境感知和目标检测方面具有很大的优势。由于摄像头和激光雷达的信息具有高度互补性，融合两者不仅可以克服单一传感器在环境感知方面的缺点，还可以获得更丰富的目标观测数据，提高其环境感知的准确性。

而标定传感器是自动驾驶感知系统中的必要环节，是后续传感器融合的必要步骤和先决条件。它的目的是将两个或者多个传感器变换入统一的时空坐标系，使得传感器融合具有实用意义，是感知决策的关键前提。任何传感器在制造、安装之后都需要通过实验进行标定，以保证传感器符合设计指标，保证测量值的准确性。

摄像头和激光雷达的联合标定通常包括两部分：内部参数标定和外部参数标定。内部参数标定主要解决摄像头本身畸变和安装带来的影响；外部参数标定主要用于建立两个传感器之间的坐标系转换关系。

2. 坐标系转换关系

在自动驾驶汽车上，激光雷达与汽车为刚性连接，两者间的相对姿态和位移固定不变，因此，激光雷达扫描获得的数据点，在环境坐标系中有唯一的位置坐标与之对应。同样，摄像头在环境坐标系中也有唯一的位置坐标，因此，激光雷达与摄像头之间存在着固定的坐标系转换关系。

激光雷达与摄像头的联合标定，就是通过提取标定物在激光雷达和图像上的对应特征点，完成激光雷达坐标系、相机坐标系、图像坐标系和像素坐标系等多个传感器坐标系的统一，实现激光雷达与摄像头的空间校准。当完成摄像头外参标定、激光雷达外参标定之后，二者之间的关系就可以完全确定，然后可以将激光雷达扫描点投影到图像的像素坐标系上。

与摄像头的内参标定方法一样，激光雷达与摄像头的外参标定也可以使用标定板的标定方法。

基于标定板的激光雷达和摄像头联合标定所涉及的四个主要坐标系如下：
1）像素坐标系 (U, V)。
2）相机坐标系 (X_c, Y_c, Z_c)。
3）图像坐标系 (X, Y)。
4）激光雷达坐标系 (X_L, Y_L, Z_L)。

它们之间的关系如图 5-4-1 所示。

如图 5-4-2 所示，由摄像头捕获的图像数据坐标由 (U, V) 表示，激光雷达捕获的

3 维点阵云用 (X, Y, Z) 表示,坐标转换的最终目标是建立一个转化矩阵 M,将 3 维点 (x, y, z) 映射到 2 维点 (U, V)。

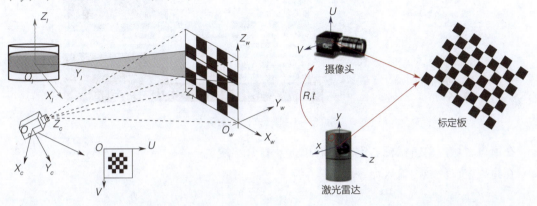

图 5-4-1 激光雷达与摄像头之间的坐标系转换关系　　图 5-4-2 坐标转换原理

项目实施

一、实施准备

1. 工具设备准备

工具设备准备见表 5-4-1。

激光雷达与视觉传感器的联合标定

表 5-4-1 工具设备准备

分类	名称	数量	图例
实训设备	智能汽车传感器实训系统	1 套	—
防护用品	工作服	1 套	—
	安全帽	1 个	—
	工作手套	1 双	—
工具、设备	标定板	1 个	
辅助材料	无纺布	1 张	—

2. 设备的调试

在进行激光雷达与摄像头的联合标定之前,需要分别使用对应的测试软件对摄像头和激光雷达进行调试,保证摄像头和激光雷达能够正常工作。

二、摄像头内参标定

1. 启动摄像头

打开虚拟机,在窗口选择并连接摄像头,如图 5-4-3 所示。

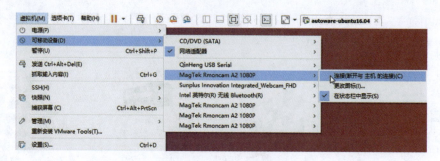

图 5-4-3 连接摄像头

在窗口区域内单击鼠标右键,然后单击"打开终端"。

在终端窗口区域内输入命令:

```
roscore
```

然后按下 Enter 键运行 ROS 主节点(注意这个窗口不用关闭)。

在窗口区域内单击鼠标右键,然后单击"打开终端"新建一个"终端",输入命令:

```
roslaunch usb_cam usb_cam-test.launch
```

按下 Enter 键后,即可启动摄像头 launch 文件打开摄像头。

2. 打开标定工具

单击"文件夹"→"HOME"→"ros + cam + lidar"→"autoware"→"ros",在"ros"文件夹内右键打开终端,输入命令:

```
source devel/setup.bash
```

按下 Enter 键,再输入以下指令即可启动标定工具。

```
rosrun autoware_camera_lidar_calibrator cameracalibrator.py --size 11x8 --square 0.036 image:=/usb_cam/image_raw
```

3. 摄像头标定及保存

标定界面是黑白的,当拿出标定板对着摄像头时,它会自动识别标定板里面内角的参数并用其他颜色的线条标注,如图 5-4-4 所示。

图 5-4-4 正常界面与标定界面对比

举起标定板移动，当右上角的 X（移动到摄像头视野范围的最左边，最右边）、Y（移动到摄像头视野范围的最上方，最底部）、Size（移动标定板充满整个摄像头视野范围）、Skew（改变标定板的角度，斜着拿标定板）变为绿色时，标定按钮"CALIBRATE"变为可用，如图 5-4-5 所示。单击即可计算内参矩阵（按下去时，后台会进行计算，标定界面会进入卡滞状态，并不是任务错误，切勿关闭窗口，画面会渐变成灰暗状态）。

等待计算机后台计算完毕后，窗口会出现摄像头矩阵数据，如图 5-4-6 所示。

图 5-4-5　调整参数直到变为绿色状态　　　　图 5-4-6　摄像头矩阵数据

标定界面还会出现"SAVE"保存按钮，单击"SAVE"保存按钮后，出现一个保存的路径，会显示出保存的时间等（以时间命名），如果想找回保存的文件，可以按照保存时间找出来。保存完毕后，单击"COMMIT"按钮退出标定工具，保存完后，使用快捷键"CTRL + C"关闭摄像头实时同步窗口（不能关闭终端窗口），注意这里会多保存一个 Autoware 类型的 YAML 文件，也就是后面外参标定要导入的文件。

三、摄像头与激光雷达联合标定

摄像头与激光雷达联合标定也需要使用标定板来进行标定。

1. 启动激光雷达驱动

单击"文件夹"→"HOME"→"ros + cam + lidar"→"ls16_ws"后，在文件夹内右键打开终端，输入命令：

```
source devel/setup.bash
```

按下 Enter 键，再输入命令：

```
roslaunch lslidar_c16_decoder lslidar_c16.launch
```

最后按下 Enter 键，即可启动激光雷达节点。

2. 打开 RVIZ 可视化工具

再打开一个终端，输入以下命令打开 RVIZ 可视化工具：

```
rviz
```

在左下角"Add"按钮中添加点云 PointCloud2 话题，如图 5-1-27 所示。

在 PointCloud2 中的 Topic 栏中选中主题/lslidar_point_cloud，在最上面的全局选项 Global Options 中修改 Fixed Frame 为/laser_link，如图 5-1-28 所示。

这时会显示激光雷达点云数据。

3. 启动摄像头驱动

切换到摄像头的终端，输入命令：

```
roslaunch usb_cam usb_cam-test.launch
```

按下 Enter 键，弹出摄像头窗口（是一个实时的图像界面）。

4. 录制 Bag 包前的准备工作

切回到激光雷达点云的窗口界面后，单击界面左下角的"Add"按钮，在弹出的对话框中单击"By topic"→"/usb_cam"→"/image_raw"→"image"，再单击下面的"OK"，如图 5-4-7 所示。

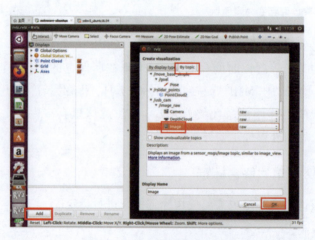

图 5-4-7　添加摄像头话题

使用鼠标调整摄像头窗口大小，并保证摄像头的朝向位置与激光雷达保持一致，可以通过举起标定板来确定位置，如图 5-4-8 所示。

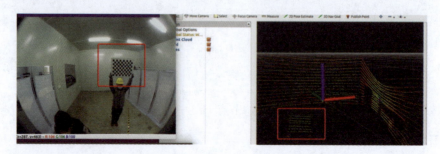

图 5-4-8　确定摄像头与激光雷达朝向方向一致

5. 录制 Bag 包

打开一个终端（打开该终端的路径即后面录制标定包的保存路径），输入以下命令，再按下 Enter 键即可录制激光雷达与摄像头标定包。

```
rosbag record -O camera_rslidar_calibration0929.bag /usb_cam/image_raw /lslidar_point_cloud
```

其中 0929 是一个时间值，用它可方便找到录制文件。

由于是 16 线激光雷达，所以在录制过程中，标定板与激光雷达的距离不能太远，防止激光雷达探测不到标定板，录制时建议的站位分别是：近处左边，近处中间，近处右边；中间左边，中间中间，中间右边；远处左边，远处中间，远处右边；站位如图 5-4-9 所示。

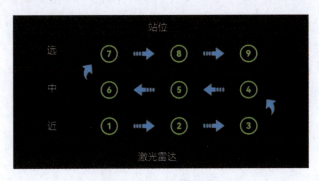

图 5-4-9 录制站位

录制的时候建议在每个位置稍稍移动，改变标定板的姿态，每个姿势停留 1~2s，如果出现模糊，请尝试上仰、下俯、左偏、右偏等方式缓慢移动标定板，直到较为清晰即可，此时稍稍停留一下。录制标定包的关键就是录制多个位置、改变标定板的姿势和保证能清楚地看到标定板。录制完成后，在终端指令栏目上按一下 Ctrl+C 键结束录制，然后在"文件" -> "Home"目录下找出录制的 .bag 文件（文件里包含了激光雷达点云和摄像头图像信息等数据）。

6. 回放 Bag 包

接下来回放 Bag 包，首先需要将摄像头实时窗口和激光雷达窗口关闭，如果不关闭会和回放包冲突。然后，在各自的终端窗口使用快捷键 Ctrl+C 即可。接着断开激光雷达电源，再通过以下命令打开激光雷达点云数据界面，此时界面没有点云信息，这是为后面回放数据包做准备。

```
roslaunch lslidar_c16_decoder lslidar_c16.launch
```

回放 Bag 包使用如下命令，加上 "--pause" 意思是启动即暂停，按空格键可以切换暂停和继续回放状态，输入以下命令：

```
rosbagplay --pause camera_rslidar_calibration0929.bag
```

然后按下 Enter 键播放,此时状态是"PAUSED"暂停状态,按空格键可切换暂停和继续回放状态,读者可以尝试一下切换状态,让其保持"PAUSED"暂停状态进入下一步的标定过程,如图 5-4-10 所示。

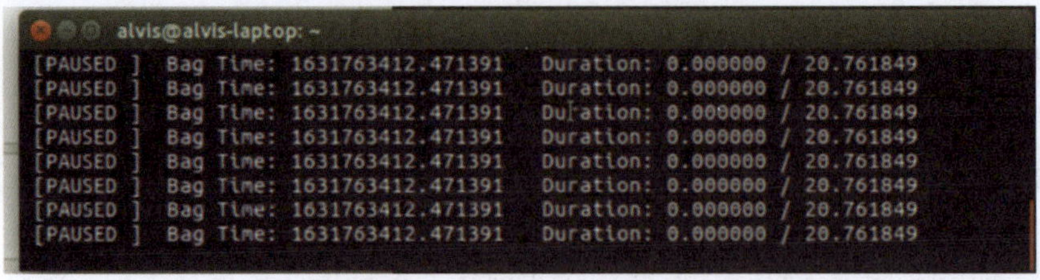

图 5-4-10　暂停状态

7. 标定过程

单击"文件"→"HOME"→"ros + cam + lidar"→"autoware - 1. 10. 0"→"ros"后,在文件夹内右键打开终端,输入命令:

```
source devel/setup.bash
```

按下 Enter 键后再输入以下命令,命令有点长,注意每行之间是空格关系,不是换行关系。

注意:摄像头外参标定文件路径需要修改。

```
roslaunch autoware_camera_lidar_calibrator camera_lidar_calibration.launch intrinsics_file:=/home/alvis/20220929_1452_autoware_camera_calibration.yaml image_src:=/usb_cam/image_raw
```

按下 Enter 键后,弹出 image_view2 窗口(因为回放数据包处于暂停状态,所以打开窗口后,画面是黑色的),如图 5-4-11 所示。

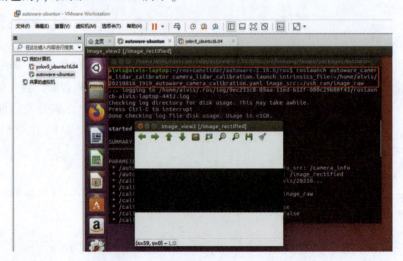

图 5-4-11　打开 image_view2 窗口

回到刚才回放的终端（图 5-4-12），按下空格键，此时所示的 image_view2 出现摄像头画面，同时激光雷达点云图窗口也出现点云图，这两个窗口展示的是之前录制好的 Bag 数据包的回放画面；然后再次按下空格键使画面暂停一下，将 image_view2 和激光雷达点云图窗口中对应的标定板的位置和大小调整到基本一致，为后面的标定做准备。

图 5-4-12　调整两个画面位置和大小

做标定的时候，在视觉画面和激光雷达点云画面选择九个对应的点来做参考点，要求是左右两个画面选择的点位置保证基本一致。

调整好后，手动选择一个像素点和点云进行单次标定，如图 5-4-13 所示，在 image_view2 的界面中，第一个点选择在标定板的左上角的位置，用鼠标选择一个像素点，如图左侧所示，然后切换到激光雷达点云图窗口，在该窗口的工具栏中点击 Publish Point，接着在点云中选择一个与刚才在 image_view2 窗口中选择的点对应的点云数据点，如图右侧所示，当鼠标右下角出现一个浅红色的路标记号时即可单击该数据点，但是这个路标在其他地方的对应点可能也会显示，因此可以尽量放大，选到更准确的点。

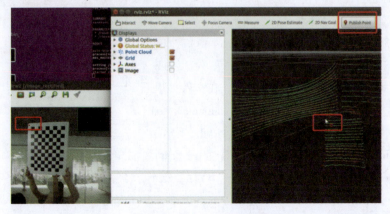

图 5-4-13　选择标定点

重复以上步骤，在标定板上选择 9 个不同的像素点云对，一般采用上中下和左中右组合，共 9 个点，当第 9 个点选择完后，该工具会自动计算外参标定矩阵，回到打开 image_view2 窗口的那个终端，这时可以观察到终端展示了标定结果，如图 5-4-14 所示。标定完毕后，它会自动保存文件，最终的标定文件保存在 home 目录下，外参标定结束。

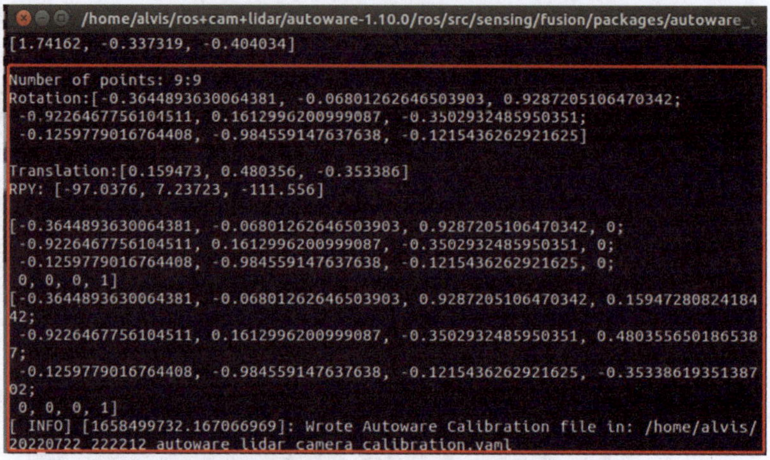

图 5-4-14 外参标定结果

四、检验标定效果

有了标定矩阵之后，利用 Autoware 提供的融合工具查看标定的效果，先回放数据，在终端输入以下命令，并按下 Enter 键，使其处于暂停状态。

```
rosbag play --pause camera_rslidar_calibration0929.bag /lslidar_point_cloud:=/points_raw
```

回到 Autoware 主界面，在终端输入命令：

```
./run
```

然后按下 Enter 键运行，提示输入密码（密码是"root"），如图 5-4-15 所示。

输入密码后会弹出一个 Runtime Manager 窗口，单击"Sensing"→"Calibration Publisher"→选择参数"/usb_cam"→单击"Ref"，如图 5-4-16 所示。在文件夹里面选择"20210914_145102 autoware lidar camera_calibration.yaml"外参标定文件，如图 5-4-17 所示，然后单击"OK"。

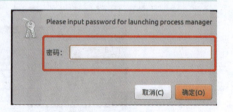

图 5-4-15 输入密码"root"

单击"Points Image"选择 Camera ID"/usb_cam"后单击"OK"，如图 5-4-18 所示。

在 Runtime Manager 界面右下角单击"RVIZ"按钮，然后单击顶部任务栏的"Panels"，选择"Add New Panel"，如图 5-4-19 所示，选择"ImageViewerPlugin"后单击"OK"，如图 5-4-20 所示。

项目五 认识与应用激光雷达

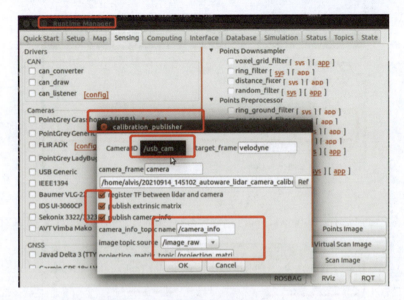

图5-4-16 参数选择

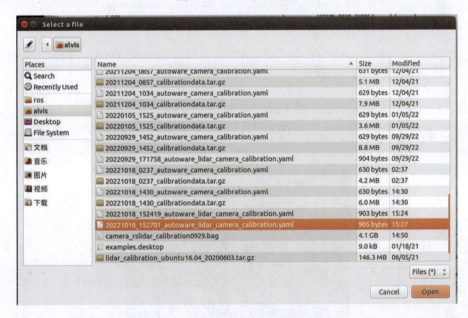

图5-4-17 选择外参标定文件

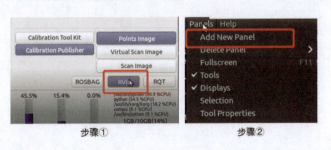

图5-4-18 选择Camera ID　　图5-4-19 单击"RVIZ"按钮和选择"Add New Panel"

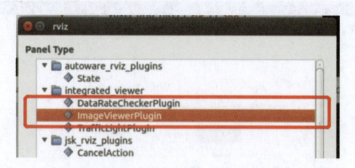

图5-4-20 选择"ImageViewerPlugin"

在"RVIZ"窗口选择"Image Topic"和"Point Topic"参数,如图5-4-21所示。

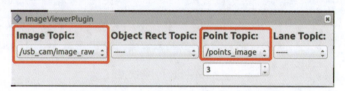

图5-4-21 在"RVIZ"窗口中选择参数

回到如图5-4-9所示的界面,按下空格键后,继续回放录制的包,这时应该能够看到融合标定效果,如图5-4-22所示。

图5-4-22 标定效果

五、系统复原与6S整理清洁工作

1)关闭虚拟机,关闭实训系统计算机和电源。

2)完成6S整理清洁工作。

复习题

1. 填空题

（1）摄像头和激光雷达的联合标定通常包括内部参数标定和外部参数标定两部分。

内部参数标定的作用：_____；

外部参数标定的作用：_____。

（2）基于标定板的激光雷达和摄像头联合标定所涉及的四个主要坐标系有：相机坐标系、_____、_____和_____。

2. 简答题

（1）为什么大多数自动驾驶汽车会采用"激光雷达+摄像头"解决方案，而不是采用单传感器方案？

（2）标定传感器的目的是什么？

 智能网联汽车感知系统
装调与故障诊断

项目六
认识与应用组合导航

随着经济和科技的快速发展，人们对于车载导航的要求也越来越高，基于多传感器的组合导航是今后车载导航的发展趋势。本项目包含以下3个任务：

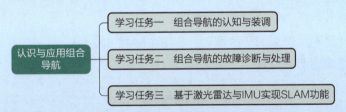

通过以上3个任务的学习，学生能够掌握导航定位的定义与方法，了解全球卫星定位技术、惯性导航系统、即时定位与地图创建(SLAM)技术、电子地图技术，能够进行组合导航系统的拆装、调试与故障诊断并实现SLAM。

学习任务一
组合导航的认知与装调

任务描述

近年来,随着定位业务的迅速发展,用户对于车载端定位精度提出了越来越高的要求,由原来的导航级逐渐更替到车道级。

一位客户在驾驶车辆前往目的地过程中,发现导航系统异常,你的领导初步判断是相关设备元件出现问题,安排你更换组合导航系统相关元件,并对其进行调试,保证导航系统能够正常工作。你应该如何完成这个任务?

学习目标

知识目标

1. 比较汽车不同导航定位方法的特点。
2. 解释卫星定位系统的组成和工作原理。
3. 叙述航迹推算技术与惯性导航系统的联系。
4. 总结组合导航系统的类型和功能。
5. 区别高精度地图与导航地图。

技能目标

1. 能正确进行组合导航的品质检查。
2. 能独立完成组合导航的装配。
3. 能独立完成组合导航的调试。

素养目标

1. 严格执行企业装配标准流程。
2. 培养严谨求实的工匠精神,热爱劳动的好品质。
3. 培养学生家国情怀和团队协作的精神。

项目六 认识与应用组合导航

知识图谱

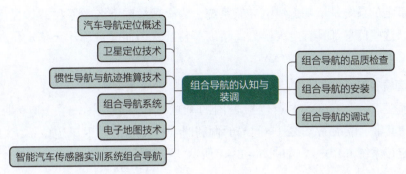

知识准备

一、汽车导航定位概述

1. 导航、定位、导航定位的概念及其关系

导航是指监测和控制物体从一个地方转移到另一个地方，在转移的过程中保证路线和运动的准确性。

定位是利用仪器设备产生二维或三维的坐标进行物体位置信息的确定。

导航定位是利用电、磁、光、力学等科学原理与方法，通过测量与运动物体每时每刻位置有关的参数实现对运动物体的定位，并将物体正确地从出发地沿着规划的路线，安全、准确、经济地引导到目的地。

定位是导航的第一步，导航是定位的一个连续过程，导航涉及路径规划和决策引导。因此，定位是导航的关键。

按照定位的方式，智能网联汽车定位可分为绝对定位、相对定位和组合定位，见表6-1-1。

表6-1-1 智能网联汽车定位方式

方式	特点
绝对定位	通过卫星导航系统实现，通过卫星信号获得车辆在地球上的绝对位置和航向信息
相对定位	根据车辆的初始位姿，通过惯性导航获得车辆的加速度和角加速度信息，将其对时间进行积分，得到相对初始位姿的当前位姿信息
组合定位	将绝对定位和相对定位进行结合，以弥补单一定位方式的不足

2. 导航定位的方法

导航定位的方法主要有全球定位系统（GPS）、差分全球定位系统（DGPS）、北斗导航卫星系统（BDS）、惯性导航系统（INS）、航迹推算（DR）技术、视觉传感器定位、激光雷达定位以及组合导航等。

二、卫星定位技术

导航卫星定位系统是星基无线电导航系统,为全球海陆空各类军民载体提供位置、速度和时间信息。这些信息都具有全天候且高精度等特征,因而又被称作天基定位、导航和授时系统。

1. 全球导航卫星系统

全球导航卫星系统(GNSS)包括美国的全球定位系统(GPS)、俄罗斯的格洛纳斯(GLONASS)卫星定位系统、欧洲空间局的伽利略(GALILEO)卫星定位系统以及中国的北斗导航卫星定位系统(BDS),如图6-1-1所示。

图6-1-1 全球导航卫星系统

全球四大导航卫星系统参数见表6-1-2。

表6-1-2 全球四大导航卫星系统参数

导航系统	卫星数量/颗	轨道高度/km	位置精度/m	授时精度/ns	速度精度/(m/s)
GPS	24 以上	20200	6	20	0.1
GLONASS	24 以上	19100	12	25	0.1
BDS	30 以上	21500	10	50	0.2
GALILEO	30 以上	24126	1	20	0.1

下面以 GPS 为例,介绍 GNSS 的组成。

全球定位系统(Global Positioning System,GPS)是由美国国防部建设的基于卫星的无线电导航定位系统,最大优势是覆盖全球、全天候工作,可以为高动态、高精度平台服务,目前得到普遍应用。

(1)全球定位系统组成 全球定位系统主要由空间星座部分、地面监控部分和用户设备部分组成,如图6-1-2所示。

1)空间星座部分。空间星座由 24 颗卫星组成,其中 21 颗为工作卫星,3 颗为备用卫星。24 颗卫星均匀分布在 6 个轨道平面上,即每个轨道平面上有 4 颗卫星,卫星轨道平面相对于地球赤道面的轨道倾角为 55°,各轨道平面的升交点的赤经相差 60°,1 个轨道平面上的卫星比西边相邻轨道平面上的相应卫

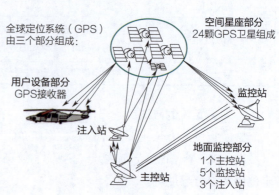

图6-1-2 全球定位系统组成

星升交角距超前30°。这种布局的目的是保证在全球任何地点、任何时刻至少可以观测到4颗卫星。而最少只需要其中3颗卫星,就能迅速确定用户端在地球上所处的位置及海拔,所能连接到的卫星数越多,解码出来的位置就越精确。

2)地面监控部分。地面监控部分主要由1个主控站、5个监测站和3个注入站组成。主控站负责从各个监控站收集卫星数据,计算出卫星的星历和时钟修正参数等,并通过注入站注入卫星;并向卫星发布指令,控制卫星,当卫星出现故障时,调度备用卫星。

监测站在主控站的直接控制下,自动对卫星进行持续不断的跟踪测量,并将自动采集的伪距观测量、气象数据和时间标准等进行处理,然后存储并传送到主控站。注入站则负责将主控站计算的卫星星历、钟差信息、导航电文、控制指令发送给卫星。

3)用户设备部分。用户设备主要是GPS接收器、卫星天线及相关设备,主要作用是从GPS卫星接收信号,并利用传来的信号计算用户地理位置的纬度、经度、高度、速度和时间等信息。车载、船载GPS导航仪,内置GPS功能的移动设备,GPS测绘设备等都属于GPS用户设备。

(2)全球定位系统工作原理 卫星至用户间的距离测量是基于卫星信号的发射时间与到达接收器的时间之差实现的,称为伪距。为了计算用户的三维位置和接收器时钟偏差,伪距测量要求至少接收来自4颗卫星的信号,卫星导航原理如图6-1-3所示。

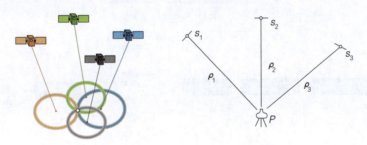

图6-1-3 卫星导航原理

如图6-1-3所示,设GPS卫星的三维坐标分别为 (X^j, Y^j, Z^j),那么,距离交会法求解P点3维坐标(X, Y, Z)的观测方程为:

$$\rho_1^2 = (X-X^1)^2 + (Y-Y^1)^2 + (Z-Z^1)^2$$
$$\rho_2^2 = (X-X^2)^2 + (Y-Y^2)^2 + (Z-Z^2)^2$$
$$\rho_3^2 = (X-X^3)^2 + (Y-Y^3)^2 + (Z-Z^3)^2$$

(3)全球定位系统的特点 全球定位系统的特点见表6-1-3。

表6-1-3 全球定位系统的特点

特点	描述
全球全天候定位	GPS卫星数目较多、分布均匀、保证了地球上任何地方任何时间至少可以同时观测到4颗GPS卫星,确保实现全球全天候连续导航定位服务
覆盖范围广	覆盖全球98%的范围,可满足位于全球各地或近地空间的军事用户连续精确地确定三维位置、三维运动状态和时间的需要

（续）

特点	描述
定位精度高	相对定位精度在50km以内可达6~10m；100~500km可达7~10m；1000km可达9~10m
观测时间短	20km以内的相对静态定位仅需15~20min；快速静态相对定位测量时，当每个流动站与基准站相距15km以内时，流动站观测时间只需1~2min；采取实时动态定位模式时，每站观测仅需几秒钟
全球统一的三维地心坐标	同时精确测定测站平面位置和大地高程
测站之间无需通视	只要求测站上空开阔，可省去经典测量中的传算点、过渡点等的测量工作

2. 差分全球定位系统

差分全球定位系统（Difference Global Positioning System，DGPS）是在GPS的基础上利用差分技术使用户能够从GPS中获得更高的精度。它由基准站、数据传输设备和移动站组成，如图6-1-4所示。

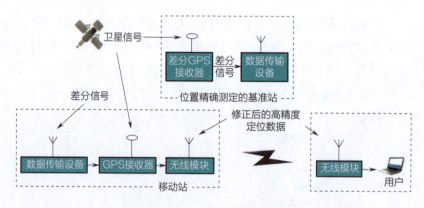

图6-1-4　DGPS组成和原理

根据DGPS基准站发送信息的方式可将差分GPS定位分为位置差分、伪距差分和载波相位差分三类。

（1）位置差分　位置差分系统如图6-1-5所示。位置差分技术是一种比较简单的差分技术，这种技术的特点就是在现有GPS接收器上做改进，从而实现差分定位。位置差分法适用于用户与基准站间距离在100km以内的情况。通常情况下，常规的GPS接收器通过改装可实现这种位置差分系统。

（2）伪距差分　伪距差分系统如图6-1-6所示，是应用最广的一种差分技术，几乎所有的商用差分GPS接收器均采用这种技术。

伪距差分技术是在一定范围的定位区域内，设置一个或多个安装GNSS接收器的已知点作为基准站，连续跟踪、观测所有在信号接收范围内的GNSS卫星伪距，通过在基准站上利用已知坐标求出卫星到基准站的真实几何距离，并将其与观测所得的伪距比较，然后通过滤波器对此差值进行滤波并获得其伪距修正值。基准站将所有的伪距修正值发送给流动站，流动站利用这些误差值来改正GNSS卫星传输测量伪距。最后，用户利用修正后的伪距进行定位。

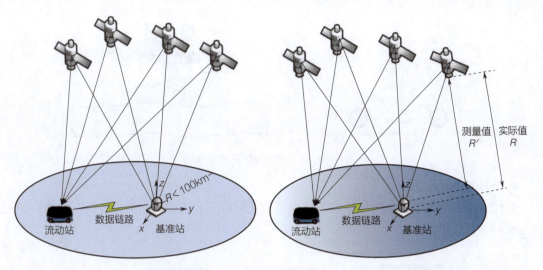

图6-1-5 位置差分系统　　　　　图6-1-6 伪距差分系统

伪距差分的基准站与流动站的测量误差与距离存在很强的相关性，故在一定区域范围内，流动站与基准站的距离越小，其使用 GNSS 差分得到的定位精度就会越高。

（3）载波相位差分　载波相位差分技术又称 RTK（Real Time Kinematic）技术，是实时处理两个测控站载波相位观测量的差分方法。它是将基准站采集的载波相位发给用户接收器，进行求差解算坐标。载波相位差分技术是建立在实时处理两个测站的载波相位基础上的。它能实时提供观测点的三维坐标，并达到厘米级的高精度。

实现载波相位差分 GPS 的方法分为两类：修正法和差分法。前者与伪距差分相同，基准站将载波相位修正量发送给用户站，以修正其载波相位，然后求解坐标。后者将基准站采集的载波相位发送给用户台进行求差解算坐标。前者为准 RTK 技术，后者为常规 RTK 技术。常规 RTK 系统如图6-1-7所示。

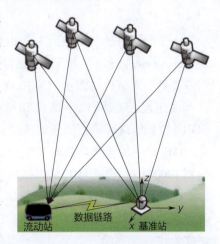

图6-1-7 常规 RTK 系统

三、惯性导航与航迹推算技术

1. 惯性导航系统定义

惯性导航系统（Inertial Navigation System，INS）是一种利用惯性传感器测量载体的角速度信息，并结合给定的初始条件实时推算速度、位置、姿态等参数的自主式导航系统。具体来说，惯性导航系统属于一种推算导航方式，即从一已知点的位置根据连续测得的运动载体航向角和速度推算出其下一点的位置，因而可连续测出运动体的当前位置，如图6-1-8所示。

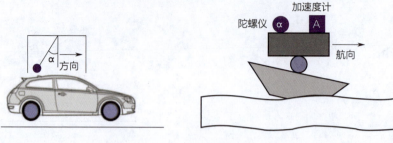

图6-1-8 惯性导航系统示意图

2. 惯性导航系统组成

惯性导航系统主要由惯性测量单元、信号预处理单元和机械力学编排模块三个模块组成,如图6-1-9所示。

图6-1-9 惯性导航系统组成

一个惯性测量单元包括3个相互正交的单轴加速度计(Accelerometer)和3个相互正交的单轴陀螺仪(Gyroscopes)。惯性测量单元结构如图6-1-10所示。

加速度传感器和陀螺仪相结合就是惯性测量单元(IMU),加速度传感器测量加速度,陀螺仪测量方向。

IMU的一个重要特征在于它以高频率更新,其频率可达到10000Hz,所以IMU可以提供接近实时的位置信息。

信号预处理部分对惯性测量单元输出信号进行信号调理、误差补偿并检查输出量范围等,以确保惯性测量单元正常工作。

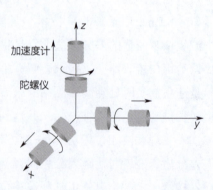

图6-1-10 惯性测量单元结构

3. 惯性导航系统工作原理

惯性导航系统是一种以陀螺仪和加速度计为感知元件的导航参数解算系统,应用航迹递推算法提供位置、速度和姿态等信息,如图6-1-11所示。汽车行驶数据的采集由以陀螺仪和加速度计组成的惯性测量单元来完成。

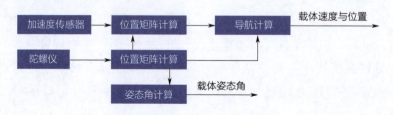

图6-1-11 惯性导航系统原理

因此，如果在汽车上能得到互相正交的 3 个敏感轴上的加速度计和陀螺仪输出，同时又已知敏感轴的准确指向，就可以掌握汽车在三维空间内的运动加速度和角速度。惯性导航系统工作原理基于牛顿第二运动定律，其说明了加速度的大小与作用力成正比，方向与作用力的方向相同，数学表达式为：

$$F = ma$$

惯性导航系统利用载体先前的位置、惯性测量单元测量的加速度和角速度来确定其当前位置。其中，速度 v 和偏移量 s 都可以通过对加速度 a 的积分得到，计算公式如下：

$$\begin{cases} v = \int a \mathrm{d}t \\ s = \int v \mathrm{d}t = \iint a \mathrm{d}t \mathrm{d}t \end{cases}$$

$$v = \frac{\mathrm{d}s}{\mathrm{d}t},\ a = \frac{\mathrm{d}v}{\mathrm{d}t} = \frac{\mathrm{d}^2 s}{\mathrm{d}t^2}$$

加速度 a 经过积分得到速度 v，经过二重积分得到偏移量 s。相反，速度和加速度也可以通过对位移的微分而估算得到。

类似地，汽车的俯仰、偏航、翻滚等姿态信息都可以通过对角加速度的积分得到。利用姿态信息可以把导航参数从惯性坐标系变换到导航坐标系中。

综上，惯性导航系统可以说是一个由惯性测量单元和积分器组成的积分系统。该系统通过陀螺仪测量载体旋转信息求解得到载体的姿态信息，再将加速度计测量得到的载体运动信息转换到导航坐标系进行加速度信息的积分运算，就能推算出汽车的位置和姿态信息。

4. 惯性导航系统的特点

惯性导航系统的特点见表 6–1–4。

表 6–1–4 惯性导航系统特点

特点	描述
优点	不依赖于任何外部信息、也不向外部辐射能量的自主式系统，故隐蔽性好，也不受外界电磁干扰的影响
	可全天候、全时间地工作于空中、地球表面乃至水下
	能提供位置、速度、航向和姿态角数据，所产生的导航信息连续性好而且噪声低
	数据更新率高、短期精度和稳定性好
缺点	导航信息经过积分而产生，定位误差随时间而增大，长期精度差
	每次使用之前需要较长的初始校准时间
	设备的价格较昂贵
	不能给出时间信息

5. 航位推算技术

车辆航位推算（Dead-Reckoning，DR）方法是一种常用的自主式车辆定位技术。相对于 GPS，它不用发射和接收信号，不受电磁波影响，机动灵活，只要车辆能达到的地方都能定位。但是由于这种定位方法的误差随时间推移而发散，所以只能在短时间内获得较高的精度，不宜长时间单独使用。

DR 是利用载体上某一时刻的位置，根据航向和速度信息，推算得到当前时刻的位置，即根据实测的汽车行驶距离和航向计算其位置和行驶轨迹。它一般不受外界环境影响，但由于其本身误差是随时间积累的，所以单独工作时不能长时间保持高精度。

DR 的主要原理是利用 DR 传感器测量位移量，从而推算车辆的位置。航位推算原理如图 6-1-12 所示。其中，(x_i, y_i) $(i = 0, 1, 2, \cdots)$ 是车辆在 t_i 时刻的初始位置，航向角 θ_i 和行驶距离 s_i 分别是车辆从 t_i 时刻到 t_{i+1} 时刻的绝对航向和位移量长度。

由图 6-1-12 可得：

$$x_k = x_0 + \sum_{i=0}^{k-1} s_i \sin\theta_i$$

$$y_k = y_0 + \sum_{i=0}^{k-1} s_i \cos\theta_i$$

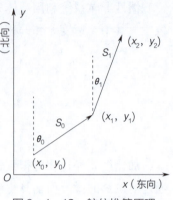

图 6-1-12 航位推算原理

四、组合导航系统

1. 组合导航系统概述

组合导航系统（Integrated Navigation System，INS）是利用计算机和数据处理技术将运载体上的两种或两种以上的导航设备组合在一起的导航系统。组合导航系统是用以解决导航定位、运动控制、设备标定对准等问题的信息综合系统，具有高精度、高可靠性、高自动化程度的优点。

按导航组合方式有北斗与惯性导航系统组合、GPS 与惯性导航系统组合、双差分 GPS 与惯性导航系统组合，图 6-1-13 所示为 GPS 与惯性导航系统组合。

图 6-1-13 GPS 与惯性导航系统组合

2. 组合导航系统的优点

相比较单一导航系统，它具有以下优点。

1）能有效利用各导航子系统的导航信息，提高组合系统定位精度。

2）允许在导航子系统工作模式间进行自动切换，当某一部分出现故障，系统可以自动切换到另一种组合模式继续工作。

3）可实现对各导航子系统及其元器件误差的校准，从而放宽了对导航子系统技术指标的要求。

3. 组合导航系统的功能

组合导航系统的功能见表 6-1-5。

表 6-1-5 组合导航系统的功能

功能	描述
协合超越功能	充分利用各子系统的导航信息，形成单个子系统不具备的功能和精度
互补功能	综合利用了各子系统的信息，所以各子系统能取长补短，扩大使用范围
余度功能	各子系统感测同一信息源，使测量值冗余，提高整个系统的可靠性

五、电子地图技术

1. 导航电子地图

导航电子地图以 GPS 导航设备为依托，融入计算机技术、地理信息系统（GIS）技术、三维（3D）技术，以数字方式存储和查阅，可进行地理信息定位显示、索引、计算、引导，它主要用于路径规划和导航，如图 6-1-14 所示。

图 6-1-14 导航电子地图

2. 高精度地图

（1）定义 高精度地图就是精度更高、数据维度更多的电子地图，如图 6-1-15 所示。精度更高体现在精确到厘米级别，数据维度包括道路数据，比如车道线的位置、类型、宽度、坡度和曲率等车道信息；车道周边的固定对象信息，比如交通标志、交通信号灯等信息，车道限高、下水道口、障碍物及其他道路细节，防护栏、道路边缘类型、路边地标等基础设施信息。

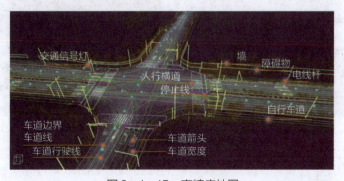

图 6-1-15 高精度地图

(2) 高精度地图与导航电子地图的区别　高精度地图与导航电子地图的区别主要有以下几个方面：使用对象、精度、数据维度、功能、数据的实时性以及所属系统，见表6-1-6。

表6-1-6　高精度地图与导航电子地图的区别

区别	类型	
	导航电子地图	高精度地图
使用对象	驾驶人，有显示	自动驾驶系统，无显示
精度	米级别，商用GPS精度为5m	厘米级别，可达10～20cm级别
数据维度	道路级别的数据，道路形状、坡度、曲率、铺设、方向等	车道属性相关（车道线类型、车道宽度等）数据，更有诸如高架物体、防护栏、树、道路边缘类型、路边地标等大量目标数据，能够明确区分车道线类型、路边地标等细节
功能	辅助驾驶的导航功能	为自动驾驶提供自变量和目标函数的功能
数据的实时性	更新频率快，动态数据的更新频率为1s	更新频率慢，静态数据更新频率为1个月
所属系统	信息娱乐系统	车载安全系统

(3) 高精度地图作用　跟人类的驾驶过程一样，自动驾驶也需要经过感知、高精度定位、决策与控制的步骤。在自动驾驶过程中，高精度地图起到了高精度定位、辅助环境感知、规划与决策等作用，见表6-1-7。

表6-1-7　高精度地图作用

作用	描述
高精度定位	把自动驾驶汽车上传感器感知到的环境信息与高精度地图进行对比，得到车辆在地图中的精确位置
辅助环境感知	在高精度地图上标注详细道路信息，辅助汽车在感知过程中进行验证
规划与决策	利用云平台了解传感器感知不到的区域（如几千米外）的路况信息，以提前避让

(4) 高精度地图的采集方法与生产过程　地图的信息采集是靠地图采集车上的激光雷达、高清摄像头、惯性导航系统及GPS，可以把地图数据的相对误差控制在10cm以内甚至更精确，如图6-1-16所示。

图6-1-16　高精度地图采集车

在高精度地图生产过程中，通过提取车辆上传感器采集的原始数据，获取感知对象特征值，构成特征地图，如图6-1-17所示。

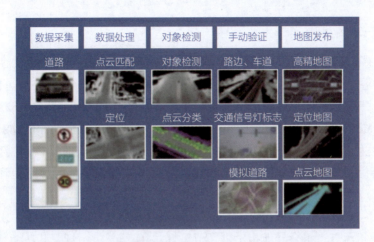

图6-1-17 高精度地图的生产（构建）过程示意图

3. 地图匹配定位技术

（1）地图匹配定位定义 地图匹配定位技术是指将自动驾驶车辆行驶轨迹的经纬度采样序列，与高精度地图路网相匹配的过程。

如图6-1-18所示，由于各种原因导致自动驾驶车辆定位信息存在误差，尽管车辆行驶在中间车道上，但定位结果与实际情况存在偏差，利用地图匹配定位技术可将车辆定位信息纠正回正确车道，以提高定位精度。

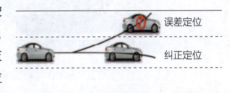

图6-1-18 地图匹配效果示意图

（2）地图匹配定位原理 地图匹配定位是在已知车辆的位姿信息条件下进行高精度地图局部搜索的过程。利用车辆装载的 GNSS 和 INS 做出初始位置判断，确定高精度地图局部搜索范围。将激光雷达实时数据与预先制作好的高精度地图数据变换到同一个坐标系内进行匹配，匹配成功后即可确定车辆的定位信息，如图6-1-19所示。

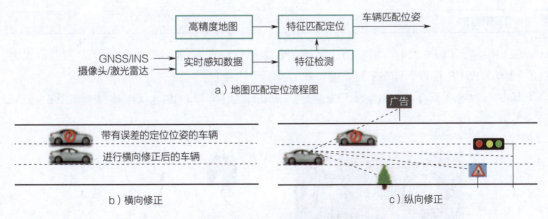

图6-1-19 地图匹配原理图

六、智能汽车传感器实训系统组合导航

智能汽车传感器实训系统的组合导航模块采用CGI-210高精度组合导航接收器,如图6-1-20所示,是上海华测公司推出的高精度定位终端。该产品采用差分定位技术与惯性导航技术,内置4G通信模块,支持CORS差分数据接入及数据实时回传,同时具备RS232、CAN接口,内置高精度MEMS陀螺仪与加速度计,支持外接里程计信息进行辅助,借助新一代多传感器数据融合技术,大大提高了系统的可靠性、精确性和动态性,实时提供高精度的载体位置、姿态、速度和传感器等信息,可实现城市峡谷、隧道桥梁等卫星信号质量差环境下的持续高精度定位。

(1) 指示灯 CGI-210高精度组合导航接收器面板指示灯如图6-1-21所示,从左往右依次为:电源指示灯、组合导航指示灯、卫星灯、4G信号指示灯,其功能见表6-1-8。

图6-1-20 CGI-210高精度组合导航接收器

图6-1-21 面板指示灯

表6-1-8 CGI-210前面板灯的含义

指示灯	颜色	功能
电源指示灯	红色	上电即常亮红色
组合导航指示灯	绿色	标定完成后达到组合导航后常亮
卫星灯	蓝色	每隔5s闪烁1次表示正在搜星;搜到卫星之后每隔5s闪烁N次,表示搜到N颗卫星
4G信号指示灯	橙色	连接4G网络后常亮

(2) 接口 CGI-210高精度组合导航接收器接口如图6-1-22所示。从左至右依次为:CGI-210 POWER接口、GNSS天线接口和GPRS天线接口。

其中:GNSS天线接口与GNSS天线连接,GPRS天线接口与GPRS天线连接,如图6-1-23所示。

图6-1-22 接口

图6-1-23 天线

（3）线束 CGI-210POWER 接口专用的连接线如图 6-1-24 所示，线束一端是 10 芯的 LEMO 接口，连接到 CGI-210 的 POWER 接口，另一端包括 DC 9~36V 输入线（为设备提供电源）、RS232（通信调试，结合上位机，用于数据通信、升级 GCI-210 固件等），还有另外 1 个接口用于 CAN 总线（通信调试，与 RS232 类似，用于输出对应的 CAN 数据）。

（4）4G 卡槽 4G 卡槽位于 CGI-210 侧面，使用中卡，将缺角一边朝向里面，金属面朝向上方插入，如图 6-1-25 所示，若需要数据回传或设备网络 CORS［Continuously Operating Reference Stations，连续运行（卫星定位服务）参考站，一种提高 GPS 定位精度的技术］，则需在此插入流量卡，否则可以留空。

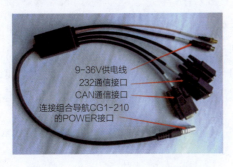

图 6-1-24 CGI-210 连接线束

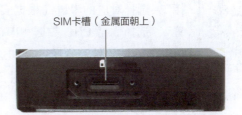

图 6-1-25 CGI-210 4G 卡槽

项目实施

一、实施准备

1. 工具设备准备

工具设备准备见表 6-1-9。

表 6-1-9 工具设备准备

分类	名称	数量	图例
实训设备	智能汽车传感器实训系统	1 个	—
防护用品	工作服	1 套	—
	安全帽	1 个	—
	工作手套	1 双	—
工具、设备	组合导航	1 套	
	直流可调电源	1 套	—
	螺钉旋具套装	1 套	—
辅助材料	绝缘垫	1 张	—
	无纺布	1 张	—

2. 工具、设备检查

（1）组合导航的外观及针脚检查　检查组合导航外观结构是否完整，表面有无脏污、破损、划痕、裂纹、凹痕和凸点等问题；检查连接线束插接口针脚有无损坏，变形或生锈等缺陷。

（2）组合导航品质检查

1）连接组合导航线束，如图6-1-26所示。

2）打开直流电源开关按钮，调节直流电源电压值为12V，保证组合导航供电稳定。

图6-1-26　连接线束

工具及设备检查

3）在计算机桌面打开组合导航测试软件，单击"连接"，"建立新连接"，选择对应的串口（根据实际情况选择）和波特率（460800）；点击"配置"，选择输出CHC数据，串口号和波特率选择默认参数，单击"确定"按钮，若测试软件左侧速度、加速度、陀螺仪区显示相关数据，说明组合导航正常。若没有显示，则说明组合导航损坏。

二、组合导航的安装

1）关闭实训系统总电源。

2）组装组合导航套件，将组合导航放在专用工位上，使用合适工具将底板安装在组合导航接收器上（图6-1-27），将旋转支架安装到底板上（图6-1-28）。

图6-1-27　安装底板到组合导航接收器上　　图6-1-28　安装旋转支架到底板上

3）将旋转支架底座安装到实训平台的安装孔位上（图6-1-29），将旋转支架放在底座上并安装紧固螺钉（图6-1-30）。

组合导航系统的拆装

图6-1-29　安装底座　　图6-1-30　安装旋转支架到底座上

4）将 GNSS 定位天线和 GPRS 天线与组合导航接收器连接到一起，如图 6-1-31 所示。

5）连接好 RS232 串口和电源线束插头，如图 6-1-32 所示。

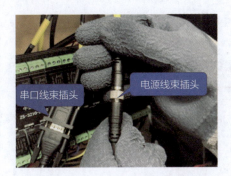
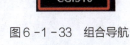

图 6-1-31　安装天线　　　　图 6-1-32　连接线束插头

三、组合导航的调试

1）接通应用实训台的 220V 电源，开启应用实训台的电源开关，开启应用实训台的计算机。

2）在计算机桌面打开 CGI310 组合导航测试软件，图标如图 6-1-33 所示。

图 6-1-33　组合导航测试软件

3）查看组合导航 COM 端口，右键单击"我的计算机"→"管理（G）"→"设备管理器"→"端口"查看组合导航对应 COM 端口，如图 6-1-34 所示，此处串口号为 COM3。

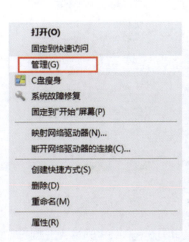
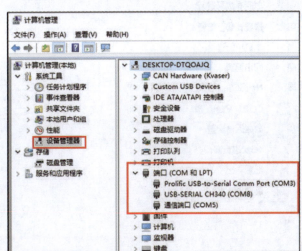

图 6-1-34　查看组合导航 COM 端口

4）串口连接，在 CGI310 测试软件中，在菜单栏选择"连接"→"新连接"，单击"串口连接"，配置串口参数，如图 6-1-35 所示。

5）配置串口参数，在"串口连接"窗口配置串口参数，串口号选择"COM3"，波特率选择"460800"（惯性导航默认波特率），检验位、数据位、停止位不修改选择默认，单击"确认"按钮进行连接，如图6-1-36所示。

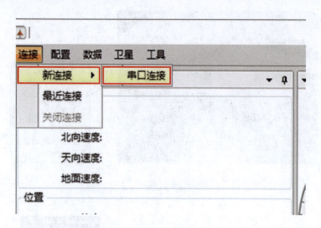

图6-1-35 创建新连接

图6-1-36 配置串口参数

6）串口输出，选择菜单栏"配置"→"输出数据配置"，如图6-1-37所示。在弹出的"输出数据配置"窗口配置输出数据，输出端口选择"COM1"，波特率选择"115200"（默认参数）。然后最下面勾选"GPCHC"，采用GPCHC数据协议输出数据，频率可以按需要自由选择，此处选50Hz。最后单击"发送"按钮，如图6-1-38所示。

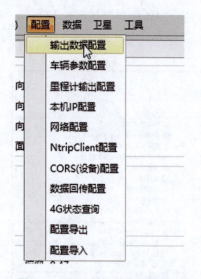

图6-1-37 输出数据配置选项

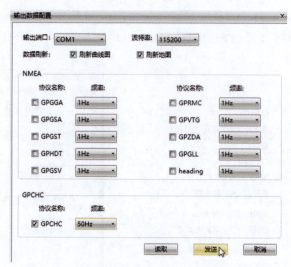

图6-1-38 输出数据配置

7）在CGI310测试软件主页面查看实时可视化数据，如图6-1-39所示，左侧页面显示各种数据，包括速度、位置、姿态等信息；右侧上方为航向和速度视图，右侧下方有4个卡片可以选择，分别是航向、速度、陀螺仪和加速度计，单击相应的卡片可以看到各参数随时间变化的曲线图。

项目六　认识与应用组合导航

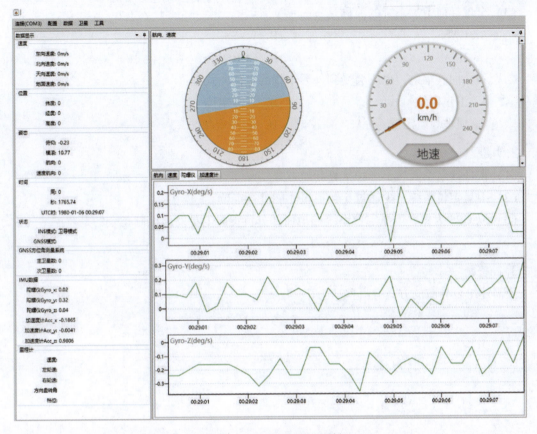

图 6-1-39　实时可视化数据

四、组合导航的拆卸

1) 关闭组合导航测试软件、计算机及台架电源。

2) 先断开组合导航线束，再使用合适的工具拆卸组合导航。

五、整理清洁

完成 6S 整理清洁工作。

复习题

1. 单选题

(1) (　　) 技术是建立在实时处理两个测站的载波相位基础上的。

　　A. 位置差分　　　　　　　　B. 伪距差分

　　C. 相位差分　　　　　　　　D. 以上都不对

(2) 在 IMU 测量单元中用来测量偏航角的惯性元件是 (　　)。

　　A. 加速度传感器　　　　　　B. 陀螺仪

　　C. 磁力计　　　　　　　　　D. 气压计

（3）全球导航卫星系统的简称是（　　）。
　　A. GNSS　　　　　　　　B. WASS
　　C. MSAS　　　　　　　　D. CORS
（4）不会向外辐射，也不会受到外界干扰的定位方式是（　　）。
　　A. 卫星定位　　　　　　B. 蜂窝定位
　　C. 惯性导航定位　　　　D. WiFi 定位

2. 判断题

（1）惯性导航系统属于一种推算导航方式。　　　　　　　　　　　（　　）
（2）卫星定位系统至少通过 5 颗卫星才能进行定位。　　　　　　　（　　）
（3）以 GPS 为例，卫星定位系统的地面部分负责向卫星发出控制指令的是监控站。
　　　　　　　　　　　　　　　　　　　　　　　　　　　　　　（　　）

3. 简答题

请简述组合导航的方式有哪些。

学习任务二
组合导航的故障诊断与处理

任务描述

车载导航系统由以前单一的导航系统逐渐发展为多传感器的车载组合导航系统,以更高的精度、更可靠的性能呈现在人们日常生活中,给人们带来更多的便利。

一位客户驾驶车辆过程中发现组合导航系统定位不稳定,存在定位轨迹发散、扭曲、回折等严重问题。你的领导安排你分析组合导航系统的控制原理,结合组合导航系统常见故障及原因,对导航系统进行故障检测排除,你应该如何完成这个任务?

学习目标

知识目标

1. 能叙述组合导航的常见故障并分析故障原因。
2. 能总结组合导航故障检诊的方法并制作故障诊断流程。

技能目标

能独立完成组合导航的故障诊断与处理。

素养目标

1. 培养严谨求实的工匠精神,热爱劳动的好品质。
2. 鼓励学生树立自信心,相信科学知识。
3. 帮助学生形成科学思维方法和面对挫折时百折不挠的精神。

知识图谱

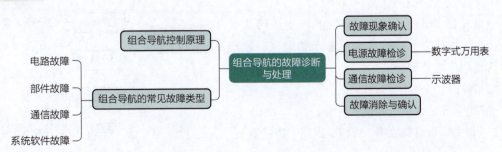

知识准备

一、组合导航控制原理

智能汽车传感器实训系统组合导航电路原理如图6-2-1所示。

组合导航系统上电后,组合导航通过SMA插头接收GNSS定位天线和GPRS天线的信号,通过FT232串口与上位机通信,在上位机测试软件上显示航向、速度、加速度、陀螺仪等数据,谷歌地球区显示具体地理位置。

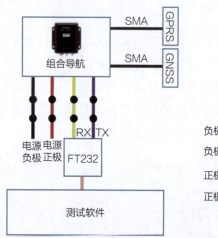

图6-2-1 组合导航电路原理图　　图6-2-2 组合导航测试端口及定义

组合导航测试端口及定义如图6-2-2所示。

串口通信线相对于组合导航,TX发送数据,RX接收数据。

对于电源测试孔,测试孔1为负极输出端,可用于测量组合导航是否有电压;测试孔4为正极输入端,可用于测量电源是否正常供电。

二、组合导航的常见故障类型

组合导航常见故障类型如图6-2-3所示。

智能汽车传感器实训系统组合导航常见故障主要有不工作和定位不准确两种情况。

1. 组合导航不工作

故障现象:组合导航系统不工作,上位机测试系统速度、加速度、陀螺仪区无显示信息,谷歌地球区无地理位置显示。

可能原因:

1)组合导航系统电源供电异常。

2)相关线束电路故障(短路、断路、虚接等)。

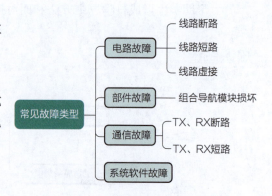

图6-2-3 组合导航常见故障类型

3）组合导航模块自身故障。

4）相关系统软件故障。

故障诊断流程：依次检查台架供电、组合导航接插件与线束、组合导航供电、组合导航测试软件、组合导航本体是否正常。

2. 组合导航定位不准确

故障现象：上电后组合导航系统工作，上位机测试系统左侧速度、加速度、陀螺仪区显示相关数据，但右侧谷歌地球区无显示或者位置与实际位置不符。

可能原因分析：

1）相关线束电路故障。

2）通信故障。

3）GNSS 定位天线、GPRS 天线自身故障。

4）相关系统软件故障。

故障诊断流程：依次检查组合导航本体、组合导航接插件与线束是否正常。

项目实施

一、实施准备

工具设备准备

工具设备准备见表 6-2-1。

表 6-2-1　工具设备准备

分类	名称	数量	图例
实训设备	智能汽车传感器实训系统	1 套	—
防护用品	工作服	1 套	—
	安全帽	1 个	—
	工作手套	1 双	—
工具、设备	示波器	1 套	—
	数字式万用表	1 套	—
辅助材料	绝缘垫	1 张	—
	无纺布	1 张	—

二、故障诊断流程

本任务主要集中讲述线路故障和通信故障检诊。在进行故障诊断之前先设置故障（这一步由老师来操作）。

IMU GNSS 组合导航的故障诊断与处理

1. 故障现象确认

组合导航的电源指示灯不亮，打开 CGI310 上位机，选择对应串口，配置串口参数后，测试软件左侧速度、加速度、陀螺仪区不显示相关数据，如图 6-2-4 所示。

 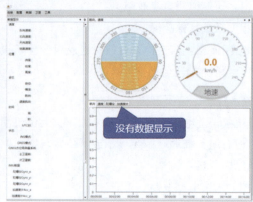

图 6-2-4 组合导航故障现象

2. 电源故障检诊

将数字式万用表调至直流电压档,通过测量电源正极输入端与负极输出端之间的电压、电源正极输出端与负极输入端之间的电压,找出故障原因,见表 6-2-2。

表 6-2-2 组合导航电源故障原因分析

序号	红表笔	黑表笔	电压	故障原因
1	正极输入端	负极输出端	供电电压	电源正极断路
	正极输出端	负极输入端	0V	
2	正极输入端	负极输出端	0V	电源负极断路
	正极输出端	负极输入端	供电电压	

3. 通信故障检诊

打开示波器电源开关,将两个示波器探头分别与 CH1 通道和 CH2 通道连接。先使用一根连接线的一端与搭铁连接,另一端与两个搭铁鳄鱼夹相连,两个探头探针分别与信号测试孔连接,如图 6-2-5 所示。

打开示波器 CH1 通道和 CH2 通道,将示波器调整到适当量程,组合导航正常工作时 TX 输入端、TX 输出端、RX 输入端、RX 输出端的波形如图 6-2-6 所示。观察波形,找出故障原因,具体故障原因对应的测量结果见表 6-2-3。

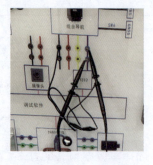 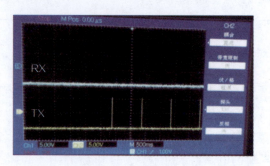

图 6-2-5 探头连接　　图 6-2-6 正常波形

表 6-2-3 故障原因对应的测量结果

序号	测量端子	波形		故障原因	测试软件现象
1	TX 输入端	波形正常		TX 断路	无数据
	TX 输出端	波形为直线（0V）			
	RX 输入端	波形正常			
	RX 输出端	波形正常			
2	TX 输入端	波形正常		RX 断路	有数据变化
	TX 输出端	波形正常			
	RX 输入端	波形正常			
	RX 输出端	波形为直线（0V）			
3	TX 输入端	波形为直线（0V）		TX 对搭铁短路	无数据
	TX 输出端	波形为直线（0V）			
	RX 输入端	波形正常			
	RX 输出端	波形正常			
4	TX 输入端	波形正常		RX 对搭铁短路	有数据变化
	TX 输出端	波形正常			
	RX 输入端	波形为直线（0V）			
	RX 输出端	波形为直线（0V）			

4. 故障消除与确认

故障消除：正确找到故障原因后，报告老师并由老师清除故障。

消除故障确认：通过组合导航测试软件 CGI310 检查组合导航是否还存在故障。

三、系统复原与 6S 整理清洁工作

1）关闭组合导航测试软件，关闭实训系统计算机和电源。

2）完成 6S 整理清洁工作。

复习题

1. 单选题

测试人员使用万用表测试组合导航的电源测试孔,发现正极输入端与负极输出端之间的电压为12V,正极输出端与负极输入端之间的电压为0V,那么可以判断故障原因为（　　）。

A. 电源负极断路　　　　　　　B. 电源正极断路

C. 电源负极虚接　　　　　　　D. 电源正、负极同时断路

2. 判断题

测试人员使用示波器测试组合导航的通信测试孔,发现TX输入端、TX输出端波形为直线（0V）,RX输入端、RX输出端波形正常,那么可能是TX断路了。（　　）

3. 简答题

组合导航常见的故障类型有哪些?

学习任务三
基于激光雷达与 IMU 实现 SLAM 功能

任务描述

近年来，利用传感器感知信息作为建图的基础已经越来越得到行业内的重视和关注，其中 SLAM 技术作为一种即时定位与地图构建方法，成为移动车辆实现自主定位与导航的核心。

某公司自动驾驶团队在制作高清地图过程中发现采用单激光雷达建图的效果不够精确，会出现偏差，工程师提出了一种基于激光雷达和 IMU 实现 SLAM 的解决方法，你的领导安排你收集基于激光雷达与 IMU 实现 SLAM 的相关资料并完成验证，你应该如何完成这个任务？

学习目标

知识目标

1. 叙述 SLAM 技术的定义，区分不同类型的 SLAM 技术。
2. 解释 LIO-SAM 算法。
3. 解释 IMU 的误差来源和标定参数之间的联系。
4. 区别 IMU 标定的方法。

技能目标

1. 能够独立完成 IMU 内参标定。
2. 能够独立完成激光雷达与 IMU 外参标定。
3. 能够独立完成基于 LIO-SAM 算法的 SLAM 建图。

素养目标

1. 严格执行企业 6S 管理制度。
2. 培养严谨求实的工匠精神，热爱劳动的好品质。
3. 引导学生关注当前技术热点问题，增强社会责任感。

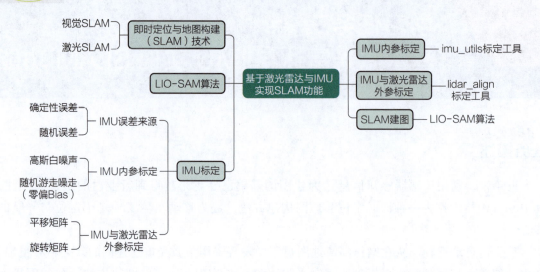

一、即时定位与地图构建（SLAM）技术

1. SLAM 定义

SLAM（Simultaneous Localization and Mapping）中文译作"即时定位与地图构建"。它是指搭载特定传感器的主体，在没有环境先验信息的情况下，于运动过程中建立环境的模型，同时估计自己的运动。如果这里的传感器为视觉传感器，则为"视觉 SLAM"；如果传感器为激光雷达，则为"激光 SLAM"。

2. 视觉 SLAM

视觉 SLAM 主要是基于摄像头来完成环境的感知工作，摄像头成本较低，容易装到商品硬件上，且图像信息丰富。

（1）类型　视觉 SLAM 分为单目摄像头、双目摄像头、深度摄像头（RGB-D），其特点见表 6-3-1。

表 6-3-1　视觉 SLAM 的类型及特点

类型	特点
单目摄像头	成本低、距离不受限、尺度具有不确定性、存在初始化问题
双目摄像头	计算深度、距离不受限、配置复杂、计算量大
深度摄像头（RGB-D）	主动测深度、重建效果好、测量范围小、受日光干扰、受材质干扰

（2）框架　视觉 SLAM 的框架如图 6-3-1 所示。

图 6-3-1　视觉 SLAM 的框架

1）视觉传感器数据。在视觉 SLAM 中主要为摄像头图像信息的读取和预处理。

2）视觉里程计，又称为前端，能够通过相邻帧间的图像估计摄像头运动，并恢复场景的空间结构。

3）后端非线性优化，主要是处理 SLAM 过程中噪声的问题。在视觉 SLAM 中，前端主要研究图像的特征提取与匹配等，后端则主要研究滤波和非线性优化算法。

4）回环检测，指无人车识别曾到达场景的能力。如果检测到回环，它会把信息提供给后端进行处理。回环检测实质上是一种检测观测数据相似性的算法。

5）建图，主要是根据估计的轨迹，建立与任务要求对应的地图。地图是对环境的描述，但这个描述并不是固定的，需要视 SLAM 的应用而定。地图的表示方式主要有 2D 栅格地图、2D 拓扑地图、3D 点云地图和 3D 网格地图，如图 6-3-2 所示。

2D 栅格地图　　　2D 拓扑地图　　　3D 点云地图　　　3D 网格地图

图 6-3-2　地图表示方式

（3）原理　大多数视觉 SLAM 系统的工作方式是通过连续的摄像头，跟踪设置关键点，以三角算法定位其 3D 位置，同时使用此信息来逼近推测摄像头自己的姿态。简单来说，这些系统的目标是绘制与自身位置相关的环境地图。这个地图可以用于无人车在该环境中的导航。

视觉 SLAM 主要用于 GPS 缺失场景下的长时间定位，如室内、楼房中；补偿行驶过程中 GPS 信号不稳定造成的定位跳跃，如山洞、高楼群、野外山区等处。

3. 激光 SLAM

（1）定义　激光 SLAM 就是根据一帧帧连续运动的点云数据推断出激光雷达自身的运动，以及周围环境的情况。激光 SLAM 根据其所用激光雷达的线束不同可细分为 2D 激光 SLAM 和 3D 激光 SLAM。3D 激光 SLAM 的建图效果如图 6-3-3 所示。

（2）特点　激光 SLAM 具有能够准确测量环境中目标点的角度与距离，无需预先布置场景，可融合多传感

图 6-3-3　3D 激光 SLAM 的建图效果

器,能在光线较差的环境中工作,能够生成便于导航的环境地图等特点,成为目前定位方案中不可或缺的新技术。

在 SLAM 过程中,无人车通过激光雷达感知周围环境,并对周围环境进行重建,然后通过观测数据计算无车人当前的位姿,并融合无人车内部里程计、加速度计等传感器推算得到的位姿改变,以此对无人车进行精准的定位。

(3) 框架　激光 SLAM 的框架如图 6-3-4 所示。

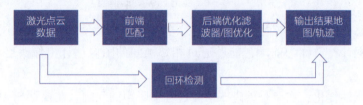

图 6-3-4　激光 SLAM 框架

二、LIO-SAM 算法

LIO-SAM 的全称是 Tightly-coupled Lidar Inertial Odometry via Smoothing and Mapping,LIO-SAM 算法提出了一个利用 GT-SAM 的紧耦合激光雷达惯导里程计的框架,实现了高精度、实时的移动机器人的轨迹估计和建图。

LIO-SAM 算法整体框架如图 6-3-5 所示。

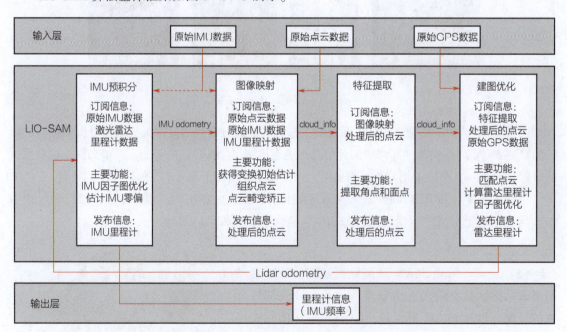

图 6-3-5　LIO-SAM 算法整体框架

从图 6-3-5 中可以看出,IMU 数据除了用来构建 IMU 预积分因子之外,还用来进行激光雷达去畸变操作,在 IMU 预积分完成后,再将 IMU 里程计作为先验设备用来获取激光里程计数据。激光里程计除了进行 Scan-to-Map 的匹配之外,还用来构建一个包括激光雷达因子、

GPS 因子和回环因子的因子图，进而优化地图和激光里程计的结果。优化后的激光里程计的结果再传递回 IMU 预积分节点，构建 IMU 预积分因子图，其中包括激光里程计因子、IMU 预积分因子和 IMU 测量偏差 Bias 的因子。

三、IMU 标定

1. IMU 误差来源

对于理想的 IMU，加速度计的 3 个轴和陀螺仪的 3 个轴定义了一个共享的正交 3D 坐标系。加速度计测量沿着每个坐标轴的加速度，陀螺仪测量围绕每个坐标轴的角速度。

在实际的 IMU 内部，由于装配误差使得加速度计和陀螺仪的坐标轴发生了偏移，产生非正交误差，如图 6 – 3 – 6 所示。另外，传感器的数字信号向物理信号转换的时候也会产生误差，而且输出信号会受到非零、可变的零偏的影响。因此，IMU 的误差来主要来自于四部分，包括噪声（Noise）、零偏（Bias）、刻度因数（Scale errors）和轴偏移（Axis misalignments）。

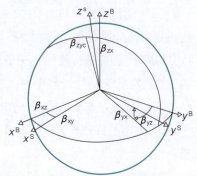

图 6 – 3 – 6 非正交误差

加速度计和陀螺仪的误差可以分为确定性误差和随机误差，如图 6 – 3 – 7 所示。确定性误差可以事先标定确定，包括零偏、刻度因数、轴偏移等。随机误差通常假设噪声服从高斯分布，包括测量噪声、随机游走误差。

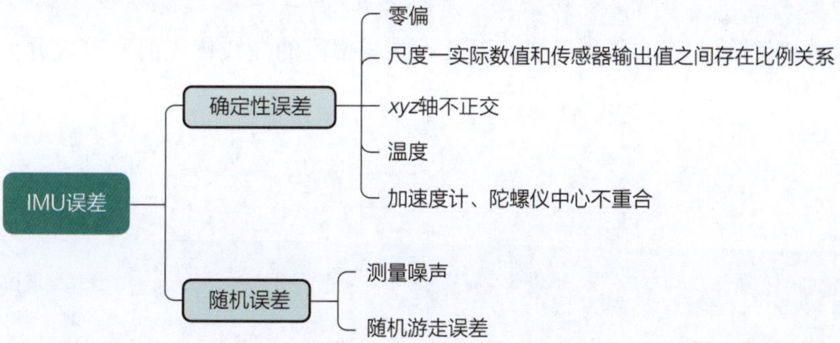

图 6 – 3 – 7 IMU 误差

2. IMU 内参标定

无论是视觉惯性里程计（VIO）还是激光惯性里程计（LIO），IMU 内参的标定结果往往对最终的里程计和建图性能有着显著的影响。IMU 内参标定就是对 IMU 的误差类型进行分析，并对它们进行对应的误差建模，最终通过建立的模型将 IMU 的数据校正好，从而提高数据精度。

IMU 标定的本质是参数辨识，参数包括陀螺仪和加速度计各自的确定性误差（零偏、刻度系数误差、安装误差）和随机误差。

（1）确定性误差　确定性误差（也称系统误差），可以通过传感器的校准消除。IMU的确定性误差主要来自于三部分，包括噪声、尺度因子和轴偏差。加速度计和陀螺仪的测量模型如下：

$$a^B = T^a K^a \ (a^S + b^a + v^a)$$
$$w^B = T^g K^g \ (w^S + b^g + v^g)$$

以上两式中，上标 a 表示加速度计；g 表示陀螺仪；B 表示正交的参考坐标系；S 表示非正交的选准坐标系；T 表示轴偏差的变换矩阵；K 表示尺度因子；b、v 分别表示 Bias（随机游走）和白噪声。

（2）随机误差　IMU 随机误差反映的是误差建模中的随机过程。由于角速度和加速度的随机误差是非平稳随机过程，其均值和方差随着时间的增长不断变化，无法用均值和方差对 IMU 的随机误差进行建模。一般采用 Allan 方差对 IMU 随机误差进行标定，寻找主要的误差源，然后在状态估计过程中对误差进行建模处理。

1）Allan 方差基本原理：Allan 方差是一种时域分析技术，一般用于仪器的噪声研究，是公认的 IMU 参数分析方法，其主要思路是利用不同相关时间内所表现的不同特征来描述各种噪声源。

对于 IMU 来说，主要包含五类噪声源，量化噪声 Q，角度随机游走 N，零偏不稳定性 B，速率随机游走 K，速率爬坡 R。将各噪声源单独统计，则其各误差源的平方和就是 Allan 方差，表达式：

$$\sigma^2(\tau) = \frac{3Q^2}{\tau^2} + \frac{N^2}{\tau} + B^2\left(\frac{2}{\pi}\right)\ln 2 + \frac{K^2\tau}{3} + \frac{R^2\tau^2}{2} = \sum_{n=-2}^{2} C_n \tau^n$$

Allan 方差的双对数曲线的典型形式，以及不同斜率段的曲线代表的噪声成分，如图 6-3-8 所示。

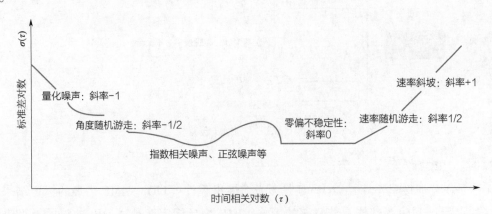

图 6-3-8　Allan 方差的双对数曲线的典型形式

随机误差参数获取方式见表 6-3-2，找到下面各个参数对应的位置与曲线的交点，再将对应的 Y 值转化为对应的不确定度即可。

表 6-3-2 随机误差参数

参数	斜率	转换关系
量化噪声（quantization noise）	-1	$y=\sqrt{3}Q$
白噪声/（角度/速度）随机游走（white noise/（angle/velocity）random walk）	-1/2	$y=\sqrt{3}N$
零偏不稳定性（bias instablity）	0（曲线最低点）	$y=\dfrac{2B}{3}$
（角速度/加速度）随机游走（angle velocity/acceralation random walk）	1/2	$y=\dfrac{K}{\sqrt{3}}$
速率斜坡（rate ramp）	1	$y=\dfrac{R}{\sqrt{2}}$

2）Allan 方差计算方法：Allan 方差实质上就是通过求取整个信息采集过程中相邻时间段的方差的形式来，对信号在整个时间段内的稳定情况进行衡量的过程，具体计算方法如下。

①将 IMU 静置一段时间，先按照周期 T 采集一段数据，通过这组数据可以计算出其方差。

②将采集到的数据每两个进行平均，相当于以 2T 周期采集了另一组数据，同样可以计算出相应的方差。

③用同样的方法获取不同周期下的方差数据，绘制方差-周期曲线。

综上所述，随机误差主要包含随机游走误差和零偏不稳定性误差，其中随机游走误差可以理解为传感器的高斯白噪声，零偏不稳定性误差表现为传感器的零偏会随时间逐渐变化。最后，IMU 的随机误差参数可以通过 Allan 方法测量。

（3）内参标定方法　目前，常用的开源 IMU 内参标定工具包有 kalibr_allan、imu_tk、imu_utils，其中 imu_utils 可以用来标定随机误差，imu_tk 可以用来标定确定性误差（系统误差）。它们都是基于 Linux 平台下软件，另外需要安装 ROS 组件。

本任务采用 imu_utils 标定工具包，通过 Allan 方差来标定高斯白噪声和随机游走噪声（即零偏 Bias）。

3. 激光雷达和 IMU 外参标定

在多传感器融合算法中，传感器之间的标定结果的精度，对多传感器融合的效果也有着非常大的影响。

对于 LiDAR-IMU 系统，需要标定 Lidar 与 IMU 的外参，即计算 LiDAR 到 IMU 的刚体变换，一般将 IMU 坐标系作为机器人机体的坐标系，而将 Lidar 的点云数据变换到 IMU 坐标系，因此需要得到从 Lidar 到 IMU 的刚体变换参数（R，T 参数），如图 6-3-9 所示。

本任务采用瑞士苏黎世联邦理工大学开源的 lidar_align 功能包，用于标定 Lidar 和里程计之间的位姿参数。

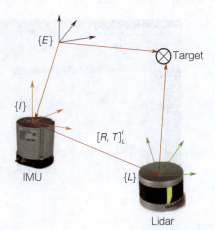

图 6-3-9　Lidar 到 IMU 的刚体变换关系

项目实施

一、实施准备

1. 工具设备准备

工具设备准备见表 6-3-3。

表 6-3-3 工具设备准备

分类	名称	数量	图例
实训设备	智能汽车传感器实训系统	1 套	—
防护用品	工作服	1 套	—
防护用品	安全帽	1 个	—
防护用品	工作手套	1 双	—
辅助材料	绝缘垫	1 张	—
辅助材料	无纺布	1 张	—

2. 设备准备

连接实训系统电源线,打开电源开关按钮,观察组合导航和激光雷达的电源指示灯是否正常点亮,确保激光雷达和组合导航功能正常。

二、IMU 内参标定

1. 连接串口

在计算机桌面打开虚拟机 VMware,在菜单栏"虚拟机(M)"选择"可移动设备(D)",选择并连接串口驱动"QinHeng USB2.0-Ser",如图 6-3-10 所示。

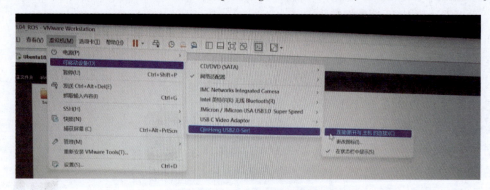

图 6-3-10 连接串口驱动

2. 启动 IMU 节点

进入 lidar_ws 文件夹,打开一个新终端,输入命令,启动 IMU 节点。

```
source devel/setup.bash      #刷新环境
rosrun imu_serial serial_port      #启动 IMU 节点
```

3. 录制 IMU 数据包

进入 lidar_ws 文件夹,打开一个新终端,输入命令,录制两个小时的 IMU 数据包。

```
rosbag record -O data.bag /imu_an/imu_data   #录制 IMU 数据包
```

注意:录制数据包时必须保持 IMU 的静止状态,录制全程不可晃动,最好是 IMU 上电 10min 之后再开始录制,上电瞬间开始录制会有较大误差。

4. 运行 imu_utils 标定工具

打开 lidar_ws –> src –> imu_utils – master –> launch 文件夹,修改 imu. launch 文件,文件内容如下:

```
<launch>
  <node pkg = "imu_utils" type = "imu_an" name = "imu_an" output = "screen" >
    <param name = "imu_topic" type = "string" value = "imu.data"/>   #imu topic 的名字
    <param name = "imu_name" type = "string" value = "16448"/>
    <param name = "data_save_path" type = "string" value = "$(find imu_utils)/data/"/>
    <param name = "max_time_min" type = "int" value = "120"/>   #标定的时长
    <param name = "max_cluster" type = "int" value = "100"/>
  </node>
</launch>
```

进入 lidar_ws 文件夹,打开一个新终端,输入命令,运行标定工具。

```
source ./devel/setup.bash      #刷新工作空间
roslaunch imu_utils imu.launch      #运行标定工具
```

5. 播放数据包

进入 lidar_ws 文件夹,打开一个新终端,输入命令,回放 IMU 数据包。

```
rosbag play -r 200 data.bag      #回放 IMU 数据包
```

6. 标定结果

标定结束时终端会显示标定结果,如图 6-3-11 所示。同时,在 data 文件夹下会生成 yaml 内参标定文件,标定文件保存在 lidar_ws –> src –> imu_utils – master –> data 文件夹中。

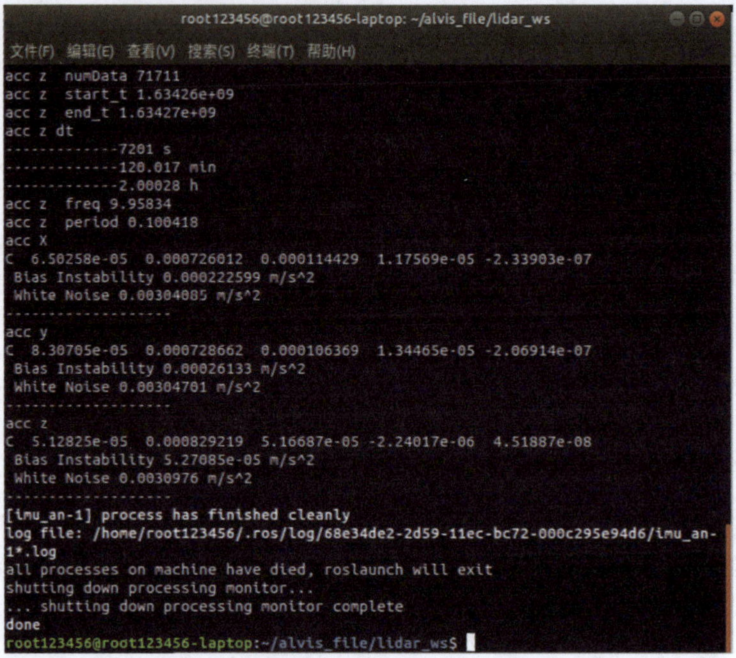

图6-3-11 标定完成后显示的信息

三、激光雷达与 IMU 的外参标定

在外参标定之前,需要保证激光雷达和 IMU 坐标系的方向保持一致。

1. 启动 IMU 节点

(1) 运行 ROS 主节点 在桌面空白区域内单击鼠标右键,选择"打开终端",输入命令,运行 ROS 主节点。

```
roscore    #运行 ROS 主节点
```

(2) 启动 IMU 节点 进入 imu_catkin_ws 文件夹,打开一个新终端,输入命令,启动 IMU,获取 IMU 数据。

```
source devel/setup.bash    #刷新工作空间
rosrun imu_serial serial_port    #启动 IMU 节点
```

2. 启动激光雷达节点

进入 RS_ SDK 文件夹,打开一个新终端,输入命令,启动激光雷达节点。

```
source devel/setup.bash    #刷新工作空间
roslaunch rslidar_sdk start.launch    #启动激光雷达
```

激光雷达点云数据如图 6-3-12 所示。

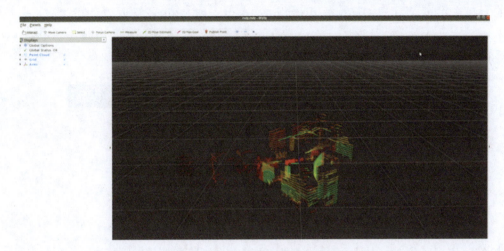

图6-3-12 激光雷达点云数据

3. 录制激光雷达和 IMU 的数据包

在桌面打开一个新终端，输入命令，录制激光雷达和 IMU 的数据包。

```
rosbag record -O example.bag /velodyne_point /imu_an/imu_data
```

4. 启动标定工具

进入 lidar_imu_ws 文件夹，打开一个终端，输入命令，启动标定工具。

```
source devel/setup.bash
roslaunch lidar_align lidar_align.launch  #启动标定工具
```

5. 标定结果

标定完成后的界面如图 6-3-13 所示，红色框里面的内容为外参标定结果。

图6-3-13 标定结果

同样，也会在 result 文件夹下面生成对应的标定文件，如图 6-3-14 所示，外参标定结果保存在 .txt 文件中，保存路径在 result 文件夹内。有了这个文件就可以提取数据写入 LIO-SAM 的配置参数文件了。

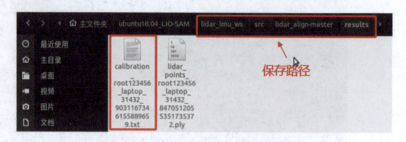

图 6-3-14　外参标定文件

如图 6-3-15 所示，从上到下，分别是平移关系矩阵和旋转关系矩阵。

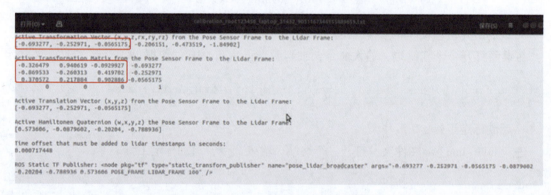

图 6-3-15　外参标定文件的内容

四、基于 LIO-SAM 算法的 SLAM 建图

1. 修改 LIO-SAM 配置参数

打开 config 文件夹下 params.yaml 文件，修改 LIO-SAM 配置参数。

（1）修改订阅话题　框出的地方为激光雷达和 IMU 订阅话题，如图 6-3-16 所示，修改成图片中的话题即可。

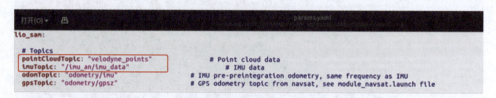

图 6-3-16　修改订阅话题

（2）修改 IMU 内参　打开标定好的 IMU 内参文件，如图 6-3-17 所示，找到以下参数。

配置参数文件中显示"IMU Settings"的地方就是修改 IMU 内参的地方，如图 6-3-18 所示。

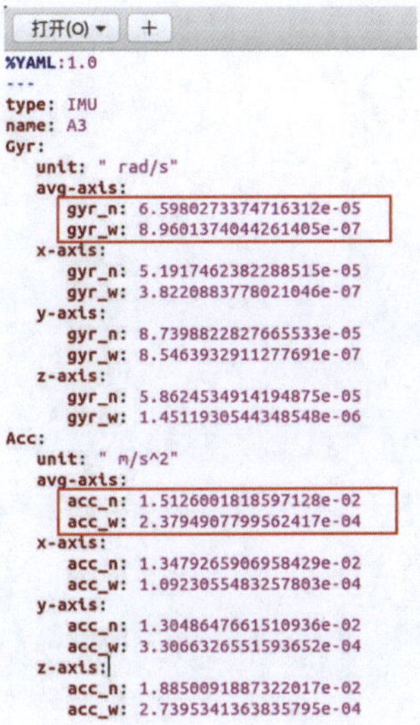

图6-3-17 IMU内参　　图6-3-18 配置参数文件内容

按照以下对应关系修改参数即可。

```
//Acc 误差模型高斯白噪声
imuAccNoise<---------->acc_n
//Gyro 误差模型高斯白噪声
imuGyrNoise<---------->gyr_n
//Acc 误差模型随机游走噪声
imuAccBiasN<---------->acc_w
//Gyro 误差模型随机游走噪声
imuGyrBiasN<---------->gyr_w
imuAccNoise:1.5126001818597128e-02
imuGyrNoise:6.59802733747163l2e-05
imuAccBiasN:2.3794907799562417e-04
imuGyrBiasN:8.9601374044261405e-07
```

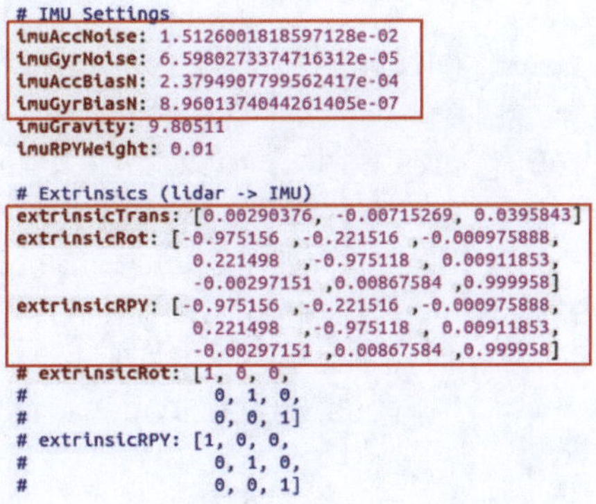

（3）修改 Lidar->IMU 外参　打开标定好的激光雷达和 IMU 外参文件中的 .txt 格式的文件，如图 6-3-19 所示，找到以下参数。

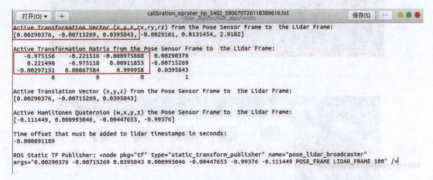

图6-3-19　外参文件内容

配置参数文件中显示"Extrinsics（lidar –> IMU）"的地方就是修改 Lidar –> IMU 外参的地方，如图 6-3-18 所示。

将方框标注的参数对应写到配置文件中。

```
//平移矩阵
extrinsicTrans: [0.00290376,-0.00715269,0.0395843]
//旋转矩阵
extrinsicRot: [ -0.975156 , -0.221516 , -0.000975888,
                0.221498  , -0.975118 , 0.00911853,
                -0.00297151 ,0.00867584 ,0.999958]
extrinsicRPY: [ -0.975156 , -0.221516 , -0.000975888,
                0.221498  , -0.975118 , 0.00911853,
                -0.00297151 ,0.00867584 ,0.999958]
```

2. 运行 LIO-SAM

进入 LOAM 文件夹，打开一个新终端，输入命令，运行 LIO-SAM。

```
source devel/setup.bash
roslaunch lio_sam run.launch
```

运行 LIO-SAM 后会实时显示 SLAM 建图点云，如图 6-3-20 所示。其中，大的坐标系是整个地图的坐标系，小的坐标系为台架的坐标系。红色为 X 轴，绿色为 Y 轴，蓝色为 Z 轴。台架移动时，小的坐标系也会移动，界面会实时显示从起点到终点激光雷达扫描过的点云信息，并且在 LOAM 文件夹下生成 pcd 文件，如图 6-3-21 所示。

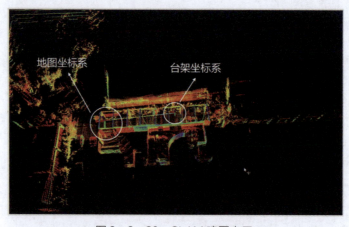

图 6-3-20 SLAM 建图点云

图 6-3-21 pcd 文件

复习题

1. 单选题

（1）由于装配误差使得加速度计和陀螺仪的坐标轴发生了偏移，产生（　　）误差。

　　A. 非正交　　　B. 零漂　　　C. 尺度　　　D. 温度

（2）视觉 SLAM 中，（　　）摄像头计算深度、距离不受限、配置复杂、计算量大。

　　A. 单目　　　　B. 三目　　　C. 双目　　　D. 深度

2. 判断题

（1）LIO-SAM 是一种激光 – 惯导紧耦合的 SLAM 框架。　　　　　　　　　　（　　）

（2）视觉 SLAM 中，前端主要研究图像的特征提取与匹配等，后端则主要研究滤波和非线性优化算法。　　　　　　　　　　　　　　　　　　　　　　　　　　　　（　　）

3. 简答题

简述 SLAM 的定义及类型。

参考文献

[1] 周彬. 智能网联汽车专业人才培养模式探究 [J]. 汽车维护与修理, 2023 (8): 40-44.

[2] 袁月. 智能网联汽车技术专业教学改革探索 [J]. 汽车维护与修理, 2022 (20): 36-38.

[3] 曹月梅. 智能网联汽车中毫米波雷达的应用研究 [J]. 专用汽车, 2023 (4): 57-59.

[4] 吕翱. 智能汽车环境感知传感器研究进展 [J]. 时代汽车, 2023 (6): 153-156.

[5] 李洋. 基于激光雷达的智能汽车多目标检测与跟踪方法研究 [D]. 镇江: 江苏大学, 2022.

[6] 顾兢兢, 黄冬梅. 浅析多传感器信息融合技术 [J]. 数字技术与应用, 2012 (5): 253.

[7] 黄友澎. 多传感器多目标航迹相关与数据合成若干关键技术研究 [D]. 哈尔滨: 哈尔滨工程大学, 2009.

[8] 陈懂, 刘瑢, 金世俊. 智能小车的多传感器数据融合 [J]. 现代电子技术, 2005 (6): 3-5.

[9] 钟钜斌. 基于多种导航技术混合的 AGV 系统设计 [D]. 杭州: 浙江大学, 2016.

[10] 焦坤. 基于单目视觉的车辆前方行人识别方法研究 [D]. 沈阳: 东北大学, 2008.

[11] 杨益, 何颖. 基于 RGB 空间的车道线检测与辨识方法 [J]. 计算机与现代化, 2014 (2): 86-90.

[12] JOSE M A, ANTONIO M L. Road Detection Based on Iluminant Invariance [J]. EEE Transactions on Intelli-gent Transportation Systems, 2011, 12 (1): 184-193.

[13] 张红霞, 刘义才. 机器视觉技术的应用研究 [J]. 电子世界, 2013 (17): 106+108.

[14] 谢一峰. 基于单目视觉的车道线检测与智能车导航 [D]. 上海: 上海交通大学, 2013.

[15] 罗骞, 金琦珺. 智能汽车激光雷达感知技术现状与发展分析 [J]. 科技与创新, 2020 (17): 4-6+9.

[16] 冯广增. 基于激光雷达的智能汽车近程环境感知应用研究 [D]. 长春: 吉林大学, 2020.

[17] 李明樵. 基于激光雷达的智能汽车检测跟踪与运动规划 [D]. 哈尔滨: 哈尔滨工业大学, 2019.

[18] 付梦印, 邓志红, 刘彤. 智能车辆导航技术 [M]. 北京: 科学出版社, 2009.

[19] 陈伟. 基于双目视觉的智能车辆道路识别与路径规划研究 [D]. 西安: 西安理工大学, 2009.

[20] 于加其. 基于激光成像雷达距离像的地面目标识别算法研究 [D]. 北京: 北京理工大学, 2015.

[21] 陈龙. 城市环境下无人驾驶智能车感知系统若干关键技术研究 [D]. 武汉：武汉大学, 2013.

[22] 王铭. 基于激光雷达的无人车三维环境建模技术研究 [D]. 长沙：国防科学技术大学, 2013.

[23] 武历颖. 无人驾驶汽车环境信息提取及运动决策方法研究 [D]. 西安：长安大学, 2016.

[24] 谌彤童. 三维激光雷达在自主车环境感知中的应用研究 [D]. 长沙：国防科学技术大学, 2011.

[25] 宛东. 激光雷达在智能汽车上的应用 [J]. 无线互联科技, 2021, 18 (23)：76-77.

[26] 刘超群. 基于摄像头和激光雷达信息融合的智能汽车环境感知技术研究 [D]. 重庆：重庆大学, 2020.

[27] 杨光峰. 基于激光雷达和图像的智能汽车结构化道路环境感知方法研究 [D]. 西安：长安大学, 2020.